大人の学び直し

正しく読む

古事記

武光誠

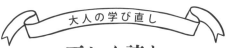

はじめに

『古事記』は、日本の神々にまつわる神話や、古代の英雄たちの伝説を集めた書物です。その中には、私たちが子供の頃からよく知っていた物語が多くみられます。

誰もが一度は、オオクニヌシノミコトが、ワニと呼ばれる大きなサメに毛をむしられたイナバノシロウサギに出会う話を聞いたことがあると思います。

ウサギは隠岐の島から本土に渡ろうとして、悪知恵をはたらかせてワニたちを海の上に並ばせます。そしてワニの数を数えると言って、ワニの背中を次々に渡って、因《いな》幡《ば》と呼ばれた鳥取県の東部までやって来ました。

黙ってサメの背を渡って、陸に着いたら、海から離れたところに駆けていけば良かったのでしょう。しかし海岸に着いたときに、ウサギは自分の知恵がはたらくことを自慢したくなりました。

そして、こらえきれずに「やーい、お前たちは騙されたのだ」と本当のことを言ってしまいました。このとき、ウサギのそばにいたワニが怒って、ウサギの毛をむしりました。

ウサギをひと飲みに食べてしまうこともできたのでしょうが、ワニは相手を大きく傷つけない程度に罰したのです。ウサギの言葉に踊らされた自分たちの迂闊《うかつ》さを、反省したのかもしれません。

このあとウサギは、オオクニヌシノミコトに怪我の手当の方法を教わり、元気になります。

この話にみられるように、『古事記』に収められた物語に登場する神々や人間、動物たちは、善良で人の良い愛すべき者たちが多くみられます。だから『古事記』の神話や伝説の登場人物は、昔からいままで人々に愛されてきました。

『古事記』は、「日本の最古の歴史書」です。それと共に、まとまった記述をもつ、現存する最古の古典でもあります。

この『古事記』は、奈良時代のはじめにあたる七一二年に太安万侶《おおのやすまろ》という優れた文人によってまとめられました。かれは工夫をこらして、古くから語りつがれたやまと言葉の物語を漢字によって表記しました。

『古事記』を難しい古典と考える方も少なくないと思います。それは『古事記』の原文が、難しい漢字を連ねて書かれているからです。

そこで今回、『古事記』という愛すべき古典を読者の方々に身近に感じていただこうと、この本をまとめました。このあと『古事記』の話や、その歴史上の意味をわかりやすく解説していきます。どうか最後まで、読みすすめてください。

武光誠

目次

第三章 天皇と大和朝廷 177

神々の系譜

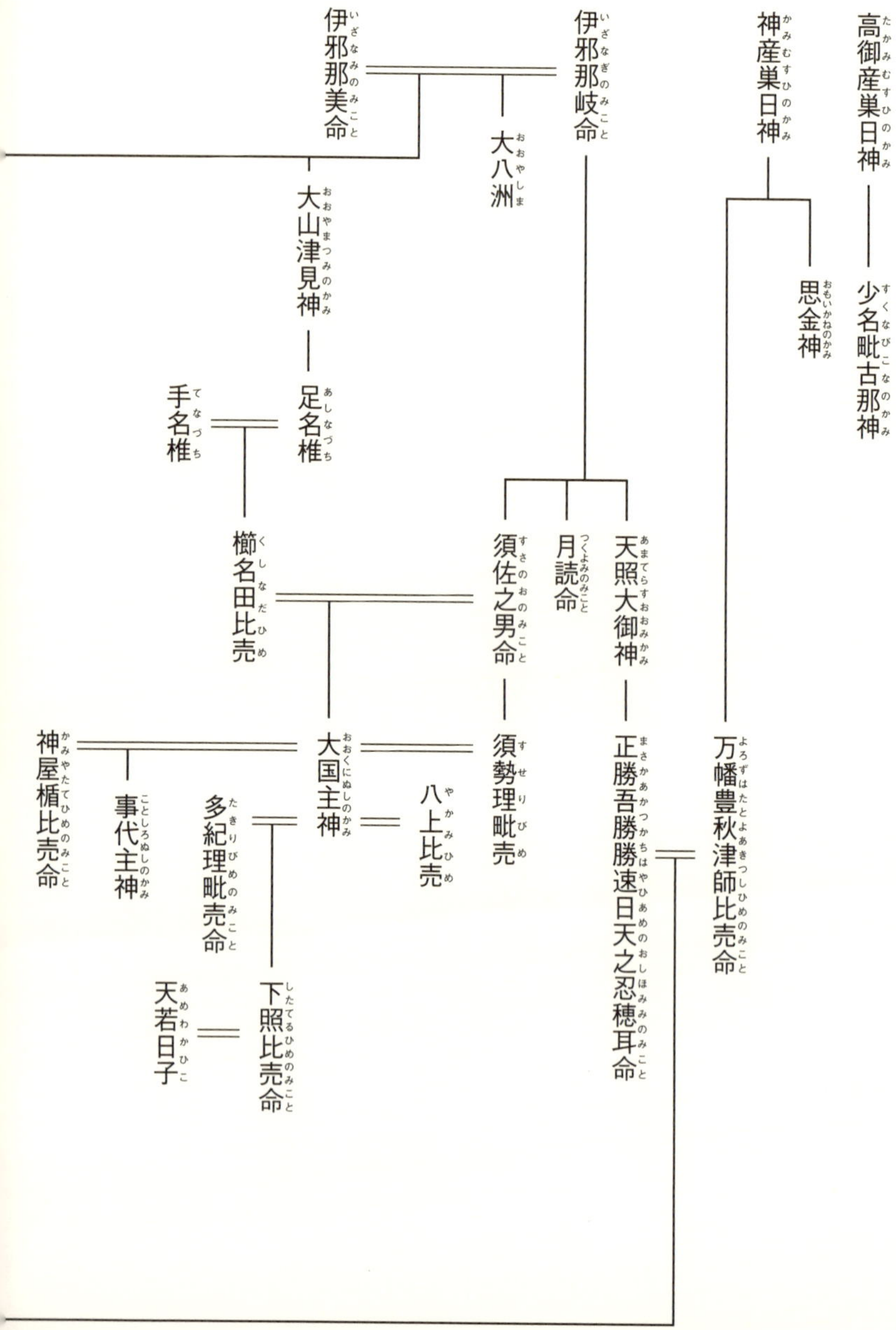

高御産巣日神《たかみむすひのかみ》
少名毘古那神《すくなびこなのかみ》
神産巣日神《かみむすひのかみ》
思金神《おもいかねのかみ》
万幡豊秋津師比売命《よろずはたとよあきつしひめのみこと》
伊邪那岐命《いざなぎのみこと》
伊邪那美命《いざなみのみこと》
大八洲《おおやしま》
天照大御神《あまてらすおおみかみ》
月読命《つくよみのみこと》
須佐之男命《すさのおのみこと》
正勝吾勝勝速日天之忍穂耳命《まさかあかつかちはやひあめのおしほみみのみこと》
大山津見神《おおやまつみのかみ》
足名椎《あしなづち》
手名椎《てなづち》
櫛名田比売《くしなだひめ》
須勢理毘売《すせりびめ》
大国主神《おおくにぬしのかみ》
八上比売《やかみひめ》
多紀理毘売命《たきりびめのみこと》
事代主神《ことしろぬしのかみ》
神屋楯比売命《かみやたてひめのみこと》
下照比売命《したてるひめのみこと》
天若日子《あめわかひこ》

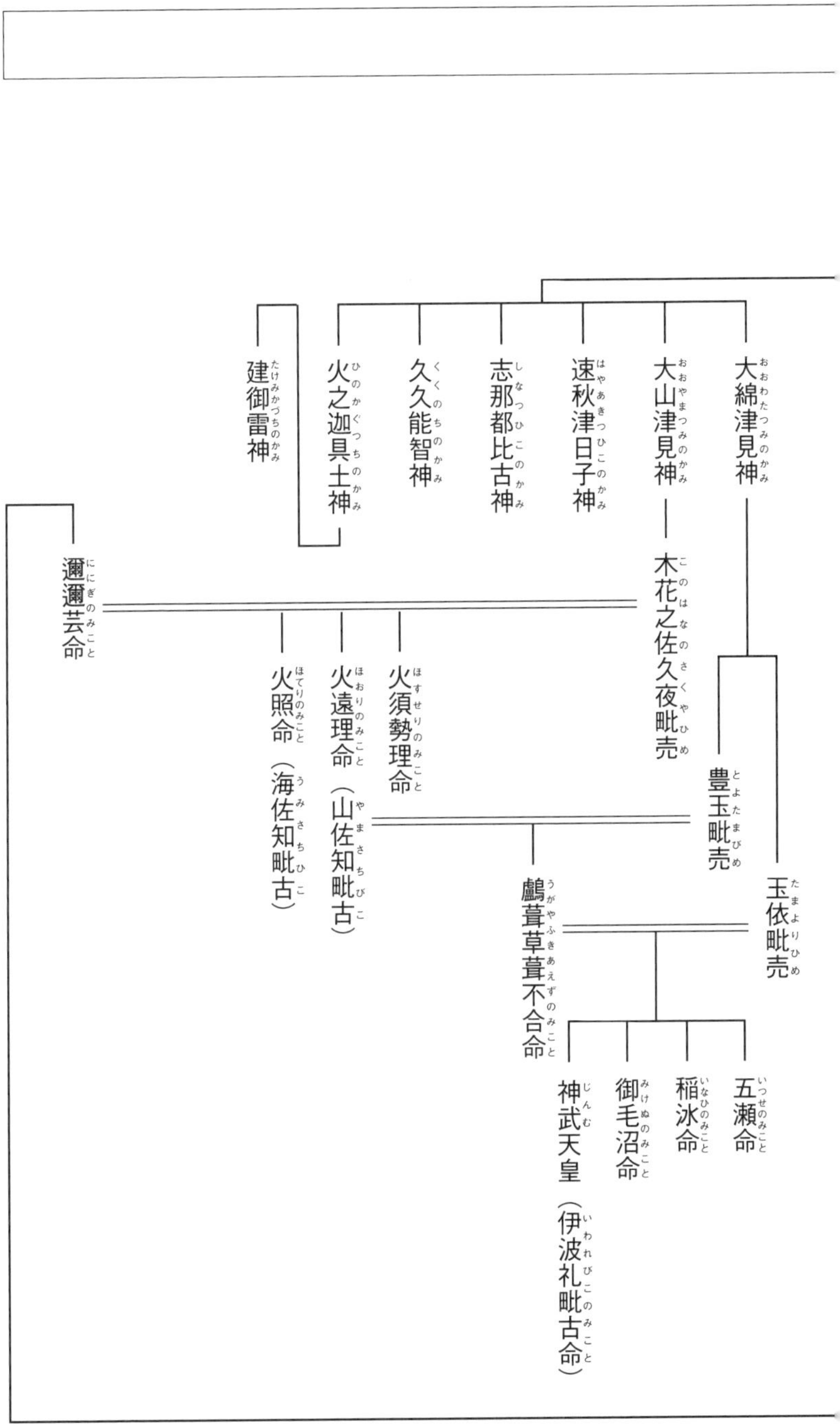
大綿津見神《おおわたつみのかみ》
大山津見神《おおやまつみのかみ》
速秋津日子神《はやあきつひこのかみ》
志那都比古神《しなつひこのかみ》
久久能智神《くくのちのかみ》
火之迦具土神《ひのかぐつちのかみ》
建御雷神《たけみかづちのかみ》
木花之佐久夜毗売《このはなのさくやひめ》
邇邇芸命《ににぎのみこと》
火須勢理命《ほすせりのみこと》
火遠理命《ほおりのみこと》（山佐知毗古《やまさちびこ》）
火照命《ほてりのみこと》（海佐知毗古《うみさちひこ》）
豊玉毗売《とよたまびめ》
玉依毗売《たまよりひめ》
鸕葺草葺不合命《うがやふきあえずのみこと》
五瀬命《いつせのみこと》
稲氷命《いなひのみこと》
御毛沼命《みけぬのみこと》
神武天皇《じんむ》（伊波礼毗古命《いわれびこのみこと》）

天皇の系譜

①神武《じんむ》天皇（伊波礼毗古命《いわれびこのみこと》）
―②綏靖《すいぜい》天皇（神沼河耳命《かむぬなかわみみのみこと》）
―③安寧《あんねい》天皇（師木津日子玉手見命《しきつひこたまてみのみこと》）
―④懿徳《いとく》天皇（大倭日子鉏友命《おおやまとひこすきとものみこと》）
―⑤孝昭《こうしょう》天皇（御真津日子訶恵志泥命《みまつひこかえしねのみこと》）
―⑥孝安《こうあん》天皇（大倭帯日子国押人命《おおやまとたらしひこくにおしひとのみこと》）
―⑦孝霊《こうれい》天皇（大倭根子日子賦斗邇命《おおやまとねこひこふとにのみこと》）
―⑧孝元《こうげん》天皇（大倭根子日子国玖琉命《おおやまとねこひこくにくるのみこと》）
―⑨開化《かいか》天皇（若倭根子日子大毗毗命《わかやまとねこひこおおびびのみこと》）
―⑩崇神《すじん》天皇（御眞木入日子印恵命《みまきいりひこいにえのみこと》）
―⑪垂仁《すいじん》天皇（伊久米伊理毗古伊佐知命《いくめいりびこいさちのみこと》）
―倭比売命《やまとひめのみこと》
―⑫景行《けいこう》天皇（大帯日子淤斯呂和気命《おおたらしひこおしろわけのすめらみこと》）
―⑬成務《せいむ》天皇（若帯日子命《わかたらしひこのみこと》）
―倭建命《やまとたけるのみこと》＝布多遅能伊理毗売命《ふたじのいりびめのみこと》
―⑭仲哀《ちゅうあい》天皇（帯中津日子命《たらしなかつひこのみこと》）

⑨開化天皇―日子坐王《ひこいますのみこ》―大筒真若王《おおつつまわかのみこ》―迦邇米雷王《かにめいかづちのみこ》―息長宿禰王《おきながすくねのおう》―神功皇后《じんぐうこうごう》（息長帯比売命《おきながたらしひめのみこと》）

⑭仲哀天皇＝神功皇后
―⑮応神《おうじん》天皇（品陀和気命《ほむだわけのみこと》）

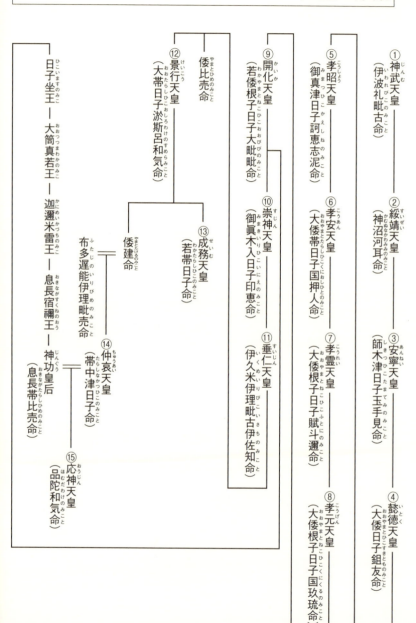

序　章

古事記の始まり

1 『古事記』ができるまで

和銅五年（七一二）に完成した『古事記』は、現存する日本最古の歴史書である。『古事記』が書かれてから現在までに、一三〇〇年余りもの年月が過ぎていったのだ。

この『古事記』は、古代日本を大きく発展させた天武《てんむ》天皇の命令によってつくられたものだ。この天武天皇は、はじめて「日本」の国号と「天皇」の称号を使用した人物としても知られている。

天武天皇の時代の朝廷の人々とは、日本を中国の唐《とう》朝のような整った官僚制をもつ国に変えていこうとしていた。そのような日本が手本にした中国の唐朝には、歴代の王朝の詳しい歴史を記した「正史《せいし》」と呼ばれる歴史書があった。

これは漢《かん》の時代に司馬遷《しばせん》がまとめた。『史記《しき》』にならって、書き継がれていったものである。天武天皇は、日本の歴史にあたるものをまとめようとした。

しかし、そのような公式の歴史書には、物語としての面白味がない。

そのため天武天皇は、日本の歴史をつくるかたわら、朝廷の公認の物語集といったものをまとめる必要があると考えた。

当時の日本には、十数種類かそれ以上の『旧辞《きゅうじ》』と呼ばれる書物があった。それは、大和朝廷に伝えられてきた神話や伝説を書き記した読物である。

神話だけを伝える『旧辞』もあったし、歌い継がれてきた和歌を中心とする歌物語を集めた『旧辞』もあった。また氏族の起こり、さまざまな制度の始まりなどを集めた「起源説話集」と呼ぶべき『旧辞』もみられただろう。

これとは別に、皇室の系譜を詳しく記した『帝紀《ていき》』も数種類あった。『旧辞』は人々に読み聞かせる物語を集めたものであるから文学性が高い。

もう一方の『帝紀』は、皇室の詳細な系譜を後世に伝えるために書かれた書物であった。歴代の大王《おおきみ》（のちの天皇）ごとに、后の名前と彼女がもうけた子供たちの名前を書き連ねた記述が、『帝紀』の中心を占めていた。

その記録があれば、過去の大王の子孫にあたる者とそうでない者とを、正確に区別することができる。それと共に『帝紀』には、過去の大王の王宮や御陵《ごりょう》などに関する記述が盛り込まれた。

天武天皇は、複数の『帝紀』や『旧辞』の中の、最も信頼できる記事だけをまとめて後世に伝えようと考えた。そのため天皇は、近臣の稗田阿礼《ひえだのあれ》という者に、『帝紀』と『旧辞』を「誦《よ》み習《なら》わせた」と『古事記』の序文に記されている。

ところが天武天皇の逝去（六八六年）によって、阿礼の作業はいったん中断した。そして元明《げんめい》天皇が即位したあと、歴史に強い関心をもっていた天皇が和銅四年（七一一）に太安万侶《おおのやすまろ》にこのように命じた。

「稗田阿礼がまとめたものを筆録せよ」

これを受け太安万侶が、五か月ほどかけて文章を整えて『古事記』として天皇に献上したのである。

『古事記』と『日本書紀』の作成の流れ

年　代	出来事
天武３～６年頃（674～677頃）	天武天皇が稗田阿礼に『帝紀』と『旧辞』を誦み習わせる。
天武10年（681）	天武天皇が川嶋皇子らに「帝紀および上古の諸事」を記し定めるように命じる。
朱鳥元年（686）	天武天皇が没す。この頃に阿礼の仕事はほぼ完成していた。
景雲２年（705）	この頃、舎人親王が『日本書紀』作成の責任者になる。
和銅４年（711）	元明天皇が、阿礼がまとめた『旧辞』を太安万侶に書き記させる。
和銅５年（712）	『古事記』が完成する。
和銅７年（714）	紀清人と三宅藤麻呂が『日本書紀』作成の担当者に加わる。
養老４年（720）	舎人親王らが『日本書紀』を完成させて元正天皇に差し出す。

2 『古事記』の構成

『古事記』は、上巻、中巻、下巻の三巻から成っている。

このうちの上巻は、神々の物語を記した部分になる。本書の中で詳しく説明するが、そこに書かれた神話は五つの部分から構成されている。神々の出現、伊邪那岐命《いざなぎのみこと》と伊邪那美命《いざなみのみこと》の国生み、高天原《たかまがはら》の物語、出雲《いずも》の神々の物語、日向《ひむか》三代の物語である。その中では、須佐之男命《すさのおのみこと》とかれの後継者である大国主神《おおくにぬしのかみ》を主人公とする出雲神話に、多くの記述が割かれている。

この出雲神話の部分が『古事記』の神話全体の中で最も文学性の高い生き生きした話になる。神話の部分に続く『古事記』の中巻は、最初の天皇（大王）とされる神武《じんむ》天皇の物語から始まっている。そしてそのあと天皇一代ごとの系譜や物語が書き連ねられている。興味深い伝説が多く盛り込まれたこの『古事記』中巻の記述は応神《おうじん》天皇の代で終わっている。『古事記』の編者は、応神天皇以前の時代と仁徳《にんとく》天皇以降の時代とを性格の異なる時代として、意図的に区分したのである。

その区分は、『旧辞』の歴史観を受け継いだものだとも考えられる。

応神天皇以前の『旧辞』の物語には、大王をはじめとする人間たちが、神々の指示を受けて行動する話が多い。またそこには、荒ぶる神が人間に災厄をもたらす物語も多くみられる。

これに対して仁徳天皇以後の『旧辞』の伝承の多くは、人間の多様な感情が生み出した事件になる。このあたりのことは、本書の中で詳しく説明していくことにしよう。

『古事記』の下巻には、仁徳天皇から推古《すいこ》天皇にいたる伝承が記されている。しかしそこに書かれた物語は、顕宗《けんぞう》天皇のところで終わっている。

それに続く仁賢《にんけん》天皇以下の部分は、歴代の天皇（大王）の系譜に関する記述だけが記されているのである。これはさまざまな『旧辞』に収められた伝承がすべて、顕宗天皇以前のものであったことによるのであろう。

これは『旧辞』がまとめられた時代の人々が、継体《けいたい》天皇以後の出来事を現代史としてとらえていたことからくるものであろう。継体天皇の時代に、朝廷のあり方は大きく変わった。その時代に天照大御神《あまてらすおおみかみ》に対する祭祀《さいし》が整備されると共に、中央の官制が拡充されたのである。それと共に地方豪族に対する支配も、大幅に強化された。

稗田阿礼の時代にあった『帝紀』は、推古天皇の時代以前の系譜を記すものであったのだろう。そのために『古事記』は、『帝紀』をもとに推古天皇の時代までの記述をまとめたのだ。

推古天皇の次の舒明《じょめい》天皇は、天武天皇の父にあたる。だから天武天皇の時代の皇室は舒明天皇以後の正確な系譜をつかんでいたのだろう。

3 『古事記』の文体と読み方

『古事記』の文章は、すべて「やまと言葉」と呼ばれる古代の日常語で書かれている。しかし『古事記』がまとめられた奈良時代はじめの日本には、平仮名、片仮名はなかった。

そのため『古事記』の編者は、読み手が「やまと言葉」で自然に読んでいくためのさまざまな工夫をこらして、漢字を並べて『古事記』の本文を書き進めていった。

太安万侶以前の日本に、すでに「日本漢文」と呼ぶべき独自の表記法が広まっていた。それは二つの手法を組み合わせたものである。一つは、日本語一音を、似た音の一文字の漢字で表記するものである。

そしてもう一つは、日本独自のやまと言葉に、それと同じ意味の漢字をあてる形のものである。

「いざなき」という固有名詞に、「伊邪那岐」という四音の漢字をあてるのが前者である。『万葉集』には、これと同じ手法による万葉仮名《まんようがな》が広く使われている。

そして「おおきみ」に「大王」の漢字をあてるような形が、後者の方法になる。やまと言葉の「あめ」を「天」の漢字で、「くに」を「国」で表わす表記はかなり前から行なわれていたものになる。

『古事記』のもとになった『帝紀』と『旧辞』は、すべて漢字で書かれていた。その多くはそれの書き手が日本漢文の用法で書いたものであったが、その中には読み解けない部分もみられた。

稗田阿礼は、そういった『帝紀』の中から良いものを選んで、いったんは自分にとって最も読みやすい日本漢文で記した。そしてそれを見た太安万侶が、阿礼がつくった文章をより分かりやすいものに改めた。

だから『古事記』に触れた古代の知識人の多くは、それをやまと言葉として音読することができたと考えて良い。

太安万侶は、『古事記』の表記に独特の工夫を加えた。少しでも分かりにくいと思った部分では、表音文字として漢字を用いたのだ。

だから漢字を並べた記述からその意味を理解できないところでは、漢字を音読みすればやまと言葉が浮かび上がってくることになる。

『古事記』の伊邪那岐命と伊邪那美命の国生みの話の中に、次のような記事がある。「垂落塩之累積、成島。是淤能碁呂島」。この記事の前半のおよその意味は、現代人でも漢字を手がかりに分かるだろう。そこは「垂落《しただ》る塩之累積《しおのつもり》、島《しま》と成《なり》き」と読まれている。しかしそのあとは、漢字の意味からは読み取れない。そこは「是淤能碁呂島《これおのごろしま》なり」となる。「おのごろ」という固有名詞に、一音一字の漢字があてがわれたのだ。『古事記』の和歌の部分では、すべての漢字が表音文字として用いられた。

『古事記』は、音読する形で味わう文学である。だから一つの物語を音読していくと、文字の無い時代にその話を語った者の思い入れが伝わってくる。

伝説の中の登場人物の言葉は、響きの良い形につくり上げられている。また『古事記』の和歌からも、それが歌い上げられたときの素朴な響きが窺《うかが》える。

『古事記』のさまざまな神話や伝説を読んでいくと、それらの作者が「人間はどう生きるか」という問いに対する答えを探しながら話をまとめていったありさまが伝わってくる。

4 『古事記』と『日本書紀』の違い

『古事記』と『日本書紀』は、全く違う目的によってつくられた。『古事記』は人々に読ませる、あるいは人々に語らせる、「伝説集」であった。

しかし『日本書紀』は、日本の公式の史書としてつくられた。だから『日本書紀』の編者は、なるべく多くの歴史上の記録を後世に伝えるためにさまざまな工夫をこらした。

日本の神話には、きわめて多くの異伝があった。これは一つは、王家の物語が伝わる間に、あれこれ加筆されたことから来るものである。そしてもう一つは、個々の豪族がそれぞれ王家のものと異なる自分に都合の良い神話を伝えてきたためである。

『日本書紀』は、全三〇巻の中の最初の二巻を、神代上、神代下としている。この神代《かみよ》の部分は、公式の記録と呼ぶべき本文と多くの異伝とを併記する形がとられている。

本文を一一の段落に切り、段落ごとに「一書曰《いっしょにいわく》」に始まる異伝をいくつも並べるのである。この異伝の記述の中には、皇室に都合の悪いものもみられる。それでも『日本書紀』の編者はなるべく多様な伝承を後世に残そうとした。

さらに『日本書紀』は、本文に関連する個人の手記、百済《くだら》（朝鮮半島にあった国）の歴史書などの多様な文献を引用した。それらの中には、邪馬台国《やまたいこく》のことを記した『三国志《さんごくし》』（『魏志《ぎし》』

倭人伝《わじんでん》）である。

『日本書紀』の編者は、卑弥呼《ひみこ》は神功皇后《じんぐうこうごう》だと考えていたらしい。

『日本書紀』の編集は、天武一〇年（六八一）の天武天皇の命令で開始された。この事業は川島皇子《かわしまのみこ》ら一二名の手で始められたものだ。そして養老四年（七二〇）になって完成し、元正《げんしょう》天皇に提出された。

『日本書紀』は多くの編者の協力のもとで、足掛け四〇年かけて完成したのである。それは全三巻の『古事記』の一〇倍にあたる、三〇巻から成る大部の書物であった。

『日本書紀』は、唐の宮廷の人々に見せることを意識してつくられた。そのためそれはすべて、漢文体で書かれている。

しかも『日本書紀』の神武天皇の時代からあとの記事は、すべて特定の年月日にかける方針のもとに並べられていた。これは、中国の編年体の歴史書にならったものである。

『旧辞』をもとにした『古事記』の記事は、すべて正確な年月の分からない伝説とされている。しかし『日本書紀』では、明らかに後世つくられた伝説と思われる記事まで、架空の年月日のこととされるのだ。

『日本書紀』の新しい部分になると、朝廷の正確な記録をもとにした確実な記事が増えてくる。大雑把《おおざっぱ》に言えば推古天皇の時代以後の記事の年月には、信頼に足るものが多いといって良い。

『古事記』『日本書紀』構成の比較

古事記

上巻	別天神五柱、神世七代、伊邪那岐命と伊邪那美命、天照大御神と須佐之男命、大国主神、葦原中国の平定、邇邇芸命、火遠理命
中巻	神武天皇、綏靖天皇、安寧天皇、懿徳天皇、孝昭天皇、孝安天皇、孝霊天皇、孝元天皇、開花天皇、崇神天皇、垂仁天皇、景行天皇、成務天皇、仲哀天皇、応神天皇
下巻	仁徳天皇、履中天皇、反正天皇、允恭天皇、安康天皇、雄略天皇、清寧天皇、顕宗天皇、仁賢天皇、武烈天皇、継体天皇、安閑天皇、宣化天皇、欽明天皇、敏達天皇、用明天皇、崇峻天皇、推古天皇

日本書紀

1	神代上
2	神代下
3	神武天皇
4	綏靖天皇・安寧天皇・懿徳天皇・孝昭天皇・孝安天皇・孝霊天皇・孝元天皇・開花天皇
5	崇神天皇
6	垂仁天皇
7	景行天皇・成務天皇
8	仲哀天皇
9	神功皇后
10	応神天皇
11	仁徳天皇
12	履中天皇・反正天皇
13	允恭天皇・安康天皇
14	雄略天皇
15	清寧天皇・顕宗天皇・仁賢天皇
16	武烈天皇
17	継体天皇
18	安閑天皇・宣化天皇
19	欽明天皇
20	敏達天皇
21	用明天皇・崇峻天皇
22	推古天皇
23	舒明天皇
24	皇極天皇
25	孝徳天皇
26	斉明天皇
27	天智天皇
28	天武天皇上
29	天武天皇下
30	持統天皇

『古事記』と『日本書紀』の違い

	古事記	日本書紀
巻　数	全３巻	全30巻＋系図１巻
編纂者	『帝紀』『旧辞』を誦習した稗田阿礼が語り、太安万侶が執筆	川嶋皇子ら６人の皇親と中臣大嶋ら６人の官人が命じられて編纂を開始。のちに舎人親王らが完成
性　格	天皇家の歴史	海外向けの日本通史
表　記	漢文を下敷きにした和文	漢文
記述内容	伝承を時代順に並べる	編年体
編纂目的	天皇系の歴史とその正統性を明確化	日本の成り立ちの歴史を明確化

第一章

国の創世神話

1 天地の始まり

別天神

『古事記』の物語の始まりは、はるか昔の天と地がはじめて出現した時代におかれている。天と地が現われたときに天の世界にある高天原《たかまがはら》という神聖な土地があった。そこに、造化三神《ぞうか》と呼ばれる大そう尊い神々が次々に現われたというのだ。

まず、天之御中主神《あめのみなかぬしのかみ》が誕生した。そしてそれに続いて、高御産巣日神《たかみむすひのかみ》と神産巣日神《かみむすひのかみ》という一対の神が出現したというのである。

この造化三神は、すべての神々を導く知恵にあふれた神だと考えられていた。天之御中主神は天の中央にいる神で全く偏りのない状態、人間や自然をつまり本来の正しいあり方に導く神とされていた。

この神は、神々や人々の前に姿を現わさないが、目に見えない形であらゆる人間や自然物がもつ正しい心とつながっていると考えられていた。

バラモン教や仏教には、「梵我一如《ぼんがいちにょ》」という思想がある。これはすべての物（我、アートマン）が、宇宙の大きな意志（梵、ブラフマン）と一体のものだという考えである。

古代の日本にも、この「梵我一如」に似た発想があり、そこからすべての人間や自然物とつながる「世界の中心」にいる仏教の「梵」に相当する神がつくられたのだ。

高御産巣日神と神産巣日神は、古代の日本人が重んじた「産霊《むすひ》」をつかさどる神である。産霊とは、このようなはたらきを意味する言葉である。

「生命を生み出し、すべての生き物の繁栄、つまり楽しく生きることを実現する行為」

神道が、「産霊の宗教」と説明されることもある。日本の神々は、人々が多くの子供をもうけて繁栄し、動物・植物などがたくましく繁殖して日本の豊かな自然をつくり上げていくことを望んでいる、と説かれるのである。

人々の父母のような神様は、子供たちが楽しく過ごすように願っている。だから明るく前向きな生き方をすることも、産霊になるというのである。

いつまでも前に犯した過ちを悔やんでいると、明るく生きられない。だから神道では、「他人の失敗は気持ち良く許してあげよう」とする前向きの発想にたつ「祓《はら》い」の儀式が重んじられた。

『古事記』の神話は、最初に神道思想を実現する尊い造化三神が生まれたと記しているのだ。そしてその神々は身を隠された、別天地の神々だとする。これは神様は、ふつうは姿は見せないがいつも人々を見守っているという発想にたったものである。

このあと生命を大きく育てる宇摩志阿斯訶備比古遅神《うましあしかびひこじのかみ》と、天の基礎となって天を治める天之常立神《あめのとこたちのかみ》が現われた。『古事記』はこの二柱の神も、別天地から人々を見守る神だと記している。

神世七代

『古事記』は、五柱の「別天神《ことあまつかみ》（別天地の神）」が現われたあと、日本創生に関与した神世《かみよ》七代《ななよ》の神々が生まれたと記している。それならば別世界にいる別天神の部分を省略して、神世七代から日本の神話を書き起こしても良いようにも思えてくる。

だから『日本書紀』の本文の神代の記述は神世七代の最初の国常立尊《くにのとこたちのみこと》（国之常立神《くにのとこたちのかみ》）から始まっている。しかし『古事記』の編者は、複数の『旧辞』の記事の中で造化三神の話を最も重んじた。

古代の日本人の誰もが、そこの「御中主」つまり偏りのない気持ちと「産霊」を実現することを重んじているからである。

このような『古事記』の神話は、

「私たちは、神々を祭って誰もが楽しく繁栄していく世界を実現しなければならない」

と説くものであった。

だから造化三神のほかに、産霊の実現のために生命を育てる神と、天の世界を統括する神がとくに格の高い別天地の神とされた。そして、日本の創生を担当する神々の中の最初の神として国之常立神が別天地の神々のあとで現われた神だと考えられた。

『古事記』は、国之常立神に続いて神世七代の残りの六代の神々が次々に生まれたと記している。

また、二代目の豊雲野神《とよくもののかみ》が現われた。この神は独り身の神であった。神世七代の神々の中の、最初の二柱の神を除いた五代目の神々は夫婦の神である。三代目が宇比地邇神《うひじにのかみ》と須比智邇神《すひじにのかみ》、四代目が角杙神《ついぐいのかみ》と活杙神《いくぐいのかみ》になる。そして五代目に意富斗能地神《おおとのじのかみ》、大斗乃弁神《おおとのべのかみ》、六代目に於母陀《おもだ》流神《るのかみ》、阿夜訶志古泥神《あやかしこねのかみ》が生まれた。

神世七代の二代目から六代目までは、国土をつくり上げていくのに必要な力をもつ神々から成っている。二代目は植物を地上に広げる神、三代目は田畑の土をつくる神になる。このあとに四代目の家の土台づくりのために打たれる杭（杙）の神、五代目の家屋の神がくる。さらに、美しい男女を生み出す六代目の夫婦の神が出現する。

『古事記』の神話は、伊邪那岐命、伊邪那美命の夫婦が国生みをしたと記している。しかしその話は、夫婦の神の国生みは多くの神の助けの上になされたとも語るものである。

日本の南方には、兄妹の神や夫婦の神が人々を住む島を生む話が多くみられる。しかし多くの神が国生みをする男女の神を助けたとする話は、日本独自のものである。

別天神と神代七代ゆかりの神社

造化三神と、神世七代の一代目から六代目の神のなかで広く祭られた神として、天之御中主神と国之常立神の二柱が挙げられる。このあと天之御中主神と国之常立神関連の神社を紹介していこう。

◉秩父《ちちぶ》神社（埼玉県秩父市）

祭神……八意思兼命《やごころおもいかねのみこと》、知知夫彦命《ちちぶひこのみこと》、天之御中主神、秩父宮雍仁親王《やすひとしんのう》

この神社は、もとは秩父の地を治めた知知夫国造《ちちぶのくにのみやつこ》の祖先神を祭る神社だった。かれらが知知夫国造の祖先の八意思兼命と知知夫彦命を土地の守り神として祭っていたのだ。そして平安時代末に国造の勢力が後退したあと、平良文の流れを引く秩父平氏が秩父を治めて秩父神社の保護者となった。

天之御中主神の信仰は、室町時代以後に仏教の北極星信仰と結びついて庶民に広まったものだ。中国仏教や道教の影響で、北極星や北斗七星を妙見菩薩《みょうけん》として祭るようになった。日本にこの中国の妙見信仰が入ったときに、北極星が天の中心にいる天之御中主神だと考えられたのだ。北極星は天の中心にある星で、天動説にたつ中国の天文学では、さまざまな星座が北極星の周りを回るとされていた。

秩父平氏によってもたらされた妙見信仰によって、天之御中主神を秩父神社に合祀した。そのため秩父神社はかつて「秩父妙見宮」などと呼ばれ、その祭礼である秩父夜祭も古くは「妙見祭」とも呼ばれていた。

このあと妙見信仰をもつ武士が、各地で天之御中主神を祭るようになった。天之御中主神に関連する神社の例として、次のものが挙げられる。

・水天宮《すいてんぐう》（福岡県久留米市、東京都、平氏の妙見信仰によるもの）
・八代《やつしろ》神社（熊本県八代市、八代の地を治めた渡来系の武士がひらいた）
・相馬中村《そうまなかむら》神社（福島県相馬市、平氏の流れを引く相馬家がひらいた妙見社から起こる）
・降松《くだまつ》神社（山口県下松《くだまつ》市、大内家が祭った妙見社の後身）

◉御嶽《おんたけ》神社（長野県王滝村）

祭神……国常立尊（命）、大己貴命《おおなむちのみこと》（大国主神）、少彦名命《すくなひこなのみこと》（少名毗古那神）

この神社は木曽の御嶽山の神をまつる神社で、修験《しゅげんどう》道の有力な道場の一つであった。国之常立神（国常立尊）は、神道学説の発展の中で日本の神的世界の中心におかれた。鎌倉時代に伊勢神宮で発展した伊勢神道や、室町時代に京都の吉田神社で起こった吉田神道は、いずれも国之常立神を宇宙の根源の神としている。

このような神道説を学んだ修験者が、木曽に国之常立神信仰をもち込んだのだ。神学説の影響で国之常立神を祭った主な神社として、次のものが挙げられる。

・熊野速玉大社《くまのはやたま》（和歌山県新宮市《しんぐう》）
・日枝神社《ひえ》（東京都千代田区）
・大鳥神社《おおとり》（東京都目黒区）
・玉置神社《たまき》（奈良県十津川村《とつかわ》）

◉高御魂神社《たかみたま》（長崎県対馬市《つしま》）

祭神……高皇産霊尊（高御産巣日神）

高御産巣日神の子孫と称した津島下県氏《しもあがた》が祭った神社。神産巣日命は出雲大社に合祀されている。また安達太良神社《あだたら》（福島県本宮市《もとみや》）では、高御産巣日命と神産巣日神が四柱の地方の神々と共に祭られている。

2 伊邪那岐命と伊邪那美命

水蛭子の誕生

国生みの物語は、天の神々が集まって国作りの相談をするところから始まっている。日本の神話の世界の最も尊い神たちは造化《ぞうか》三神の神と、その次に生まれた二柱の別天地の神と神世七《かみよなな》代《よ》の神々とで、出揃ったのである。

これまでに誕生した神々を合わせると、一七柱になる。高天原の尊い神たちは、なるべく多くの神の知恵を集めて事を運ぼうとしたのだ。

そして話し合いによって、最も若い伊邪那岐命《いざなぎのみこと》と伊邪那美命《いざなみのみこと》が地上に降りていくことになった。ほかの神々は、空からかれらを支援するのである。

伊邪那岐命と伊邪那美命は力を合わせて、天の沼矛《あめのぬぼこ》という宝器を地上に突き刺し、泥のようになっていた地上をかき回した。すると地上の塩が凝り固まって島になった。

この島は淤能碁呂島《おのごろしま》と名付けられた。伊邪那岐命と伊邪那美命の二柱の神は、その島に降りて島の中心に、「天の御柱《あめのみはしら》」という神聖な柱を立てた。

日本人は古くから「神とは目に見えない精霊が集まったものだ」と考えてきた。そのため古代の人々は、精霊たちは普段は空の上にいるが、高い木を伝って人々のもとに降りてくると信じていた。

そのため巨木のそばで祭祀がなされたが、わざわざ高い柱を立てて柱のもとを祭りの場とした例も多い。縄文時代の遺跡から巨大木の柱の列がいくつか見つかっており、その柱列のそばからは祭祀関連の土器が出土している。

伊邪那岐命と伊邪那美命は、まず精霊たちを招くための柱をつくったのだ。そしてかれらは精霊たちの見守る柱のもとで夫婦になろうと語り合った。

男女の神は別々の方向に巡って、出会ったところで結婚することにした。まず共に柱のそばに立ち、そこから男性の神は女神の左側に立って左に進んで右回りに、女性の神は相手の右側から右に進んで左回りに柱のまわりを巡った。

そのため男女の神は出発点の反対方向で出会うことになった。そのときにまず伊邪那美命が、こう言った。

「あなにやし愛《え》おとこを（ああ、なんと素晴らしい若者だろう）」

それに対して伊邪那岐命がこう答えた。

「あなにやし愛おとめを（ああ、なんと素晴らしい乙女だろう）」

伊邪那岐命はこのとき、ふとこう漏らした。

「女神が先に声をかけたのは、誤りだったかもしれません」

しかし夫婦となった二柱の神は、とりあえず柱のそばで子供をもうけた。そのとき生まれたのが、水蛭子《ひるこ》という神である。水蛭子は現在は、「恵比寿《えびす》さま」と呼ばれて福の神として広く祭られている。

伊邪那岐命と伊邪那美命の夫婦は、水蛭子が意に沿わない子だったので、葦船に乗せて海に流したという。このあと伊邪那岐命と伊邪那美命は、同じように柱を巡って淡島《あわしま》という子供を産んだが、この淡島も大八洲《おおやしま》の数に入らない神であった。

『古事記』は水蛭子を海に流したとだけ記すが、『日本書紀』の中に、「水蛭子は三歳になるまで足が立たなかった」という記事がある。水蛭子が不具であったという伝えもあったのだ。

古代の日本には、「偉い神様が不具の人間の姿で人々のもとを訪れてくる」という伝説が多くあった。これは「まれ人の来訪」と呼ばれる物語である。さまざまな「まれ人の来訪」の話はすべて、不具の姿をしたまれ人に親切にした者が多くの幸運を得たとする形をとっていた。

水蛭子を、「まれ人の神」とする伝えもあったのだ。また水蛭子の次に生まれた淡島を、少名毗古那神《すくなびこなのかみ》（少彦名命）と同一の神とする説もある。

子供を海に流す話は残酷なように思える。しかし日本の神話の世界ではその話は、子供を常世国《とこよのくに》という海の果ての神々の世界に送ってそこで修行させることを意味するものであった。

だから水蛭子は、常世国で立派に成長して恵比寿神となって人々のもとへ戻って来たと信じられた。また小さな姿の淡島の神も海の果てで神産巣日神《かみむすひのかみ》に従ってその子神の中の一柱とされたともいわれた。その小さな神がのちに、海の果てから大国主神を助けにくるのである。

兄と妹の神が結婚して最初に不具の子を生むという神話は、アジアの各地に分布している。これをもとに、水蛭子の誕生の話がつくられたのは確かである。しかし日本神話の世界ではその話は、不具の子も「まれ人の神」となる形に変えられた。

伊邪那岐命と伊邪那美命の国生み

神世七代までの神々は、天地がもつ大きな力がつくり出した神であったが、そのような特別な力をもつ神の数には限りがある。

『古事記』の記述から、伊邪那岐命と伊邪那美命がこのように考えていたありさまが読み取れる。

「特別の力をもつ私たちが夫婦になって、日本をつくるために多くの子神を生み出さねばならない」

伊邪那岐命と伊邪那美命の結婚の神話は、人々に良い配偶者を見つけて多くの子供をもうけるように勧める産霊《むすひ》の思想にたつ神話であった。

しかし、「素晴らしい国をつくろう」と意気込んで地上に降った伊邪那岐命と伊邪那美命の夫婦は元気を無くしてしまった。国生みに必要な神たちを生もうとしたところ、全く期待に沿わない二柱の神が現われてしまったからである。

伊邪那岐命と伊邪那美命は、多くの神々の知恵を借りて自分たち夫婦だけでは手に負えない事態を解決しようと考えた。かれらは、高天原の神々のもとに向かい、造化三神以下の神々に集まってもらった。

すると高天原の神々が、鹿の骨を焼いて占って答えを出してきた。

「男女の柱を回る方向を反対にして、男性の神が先に声をかけるようにしなさい」

というのである。伊邪那岐命と伊邪那美命が教えられた通りにすると、次々に良い子供が生まれた。男性の神が右側から柱を回り、先に「あなにやし愛おとめか」と言ったのである。

古代の中国では、左回りにまわることが天

伊邪那岐命と伊邪那美命との間に生まれた大八洲

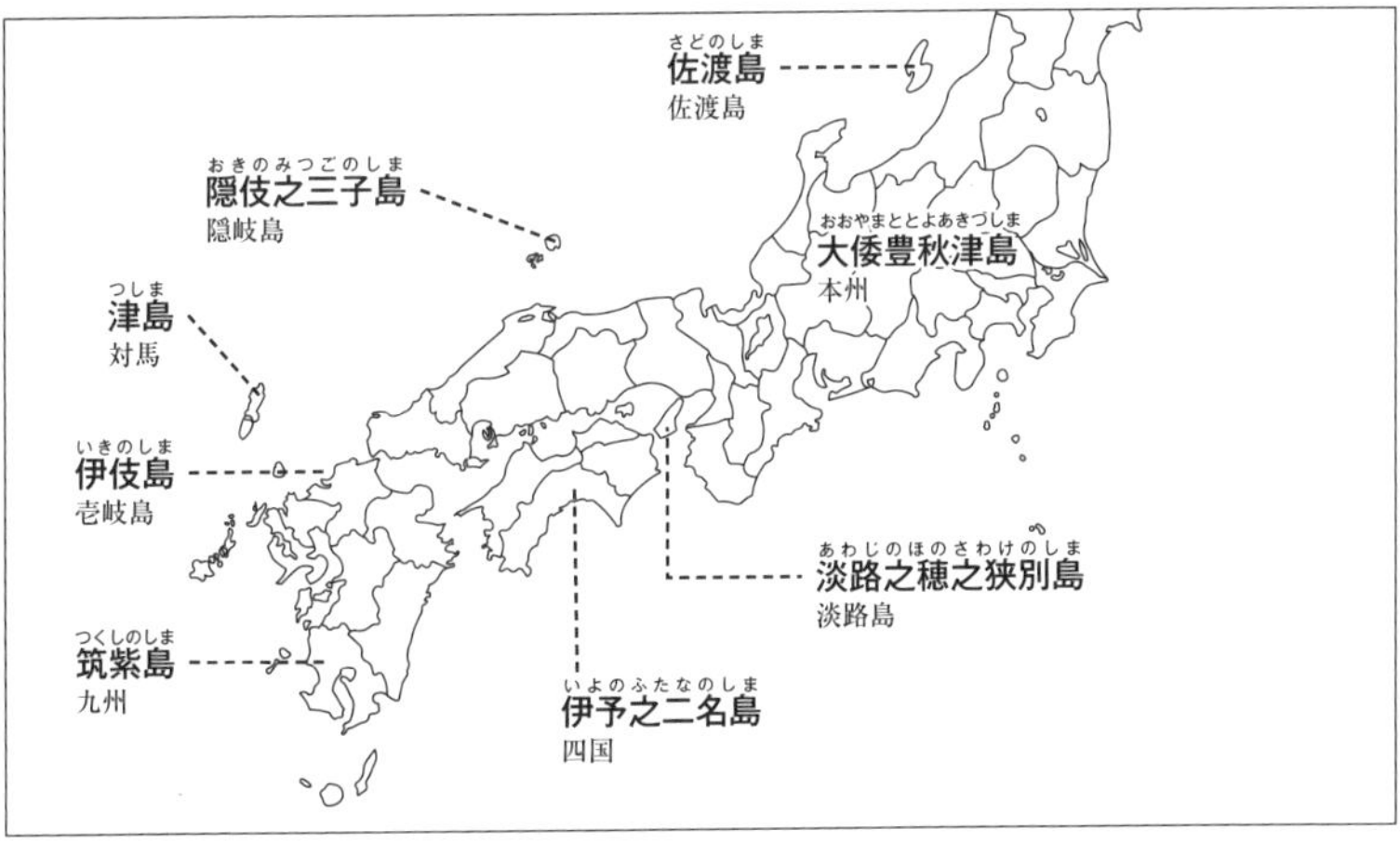

のまわり方、右回りにまわることが地のまわり方とされている。そして格が上のものが左周りに、格下の者が右回りにまわるのが礼儀だとされる。

そうすると自然な形で、左回りをした者が先に声をかけることになる。日本の宮廷は、飛鳥《あすか》時代後半にあたる七世紀半ば以後に急速に中国の礼儀作法を取り入れてきた。そのために、宮廷の日常の振る舞いを踏まえる形で、中国の男尊女卑の作法が日本神話に取り入れられることになったのだろう。

高天原の神々の教えに従って柱の回り方を変えた夫婦の神は、次々に日本の国土を構成する島々とそこの守り神を生んでいった。

最初に淡路島が現われた。それに続いて四国、隠岐、九州、対馬、佐渡が生まれた。そして最後に本州にあたる「大倭豊秋津島《おおやまととよあきつしま》」が出現した。このあとに伊邪那岐命と伊邪那美命は、吉備《きび》の児島《こじま》(現在は陸続きになって岡山県の児島半島になっている)、小豆島などの小さな島を次々に生んでいった。

日本の神話を大きな流れの上でみる場合、伊邪那岐命と伊邪那美命の夫婦は、「大八洲《おおやしま》」と呼ばれる日本の主な島々を守る土地の守り神を次々に生んでいった、このように解釈するのがより妥当であろう。

島を設けるべき土地を治めるように命じられた神たちが、次々に泥の中から土を盛って島をつくり上げていったのである。これは河口に土砂が積もっていった砂州が、数十年かけて立派な森林に成長していく日本の自然の風景と深く関わるものである。

古代の日本人は、神の不思議な力で大地が広げられていくと感じたのだ。神が島々を生む神話は、ハワイ・グアム・ニュージーランドやポリネシア各地の島々に広く分布している。海の中の島で生活する人々は、自然な形で自分たちが住む島は偉大な神の力でつくられたと考えるようになったのであろう。

かれは自分たちの大地を、偉大な神の子神と考えた。そして森から得る木材や果実、野原の山菜、狩りの獲物になる動物などを、すべて神の恵みとして神に感謝して生活した。

日本の国生み神話は、航海民の手で南方から淡路島に伝えられたものだと考えられる。その話の主人公である伊邪那岐命と伊邪那美命は、淡路島で古くから祭られてきた「国魂《くにたま》」と呼ばれた土地の守り神であった。

今でも淡路島の淡路市に、古代の伊邪那岐命信仰の流れを引く伊弉諾《いざなぎ》神宮がある。南方から国生みの物語が伝わったときに、淡路島の人々が自分たちの土地の守り神が淡路島を生む物語をつくった。この話のあとにさまざまな島を生む話が加えられていって、『古事記』の国生み神話になったのであろう。

このような国生み神話が完成したあと、淡路之穂之狭別《あわじのほのさわけ》という新たな淡路島の国魂がつくられた。そして伊邪那岐命と伊邪那美命は、淡路島の国魂の神から、大八洲の個々の島の国魂の上に立つ日本全体の守り神とされたのだ。

神生みと女神の死

『古事記』は、伊邪那岐命と伊邪那美命が国生みを終えたあとで、さまざまな専門分野の仕事をもった多くの神を生んだと記している。

淡路島の神などの大八洲の守り神はすべて、人々の生活の場である大地を維持する役目をもつ神であった。だから日本を構成する島々を、人々の生活の場とするためには山の神、川の神などの多様な神が必要だと考えられたのだ。

父神と母神は、国生みを終えたあとに、まず大八洲ができたことを祝福する大事忍男神《おおことおしおのかみ》を生んだ。この神は、個々の島の守り神たちのまとめ役を務める言霊《ことだま》の神で、人々の心に

神生みの系図

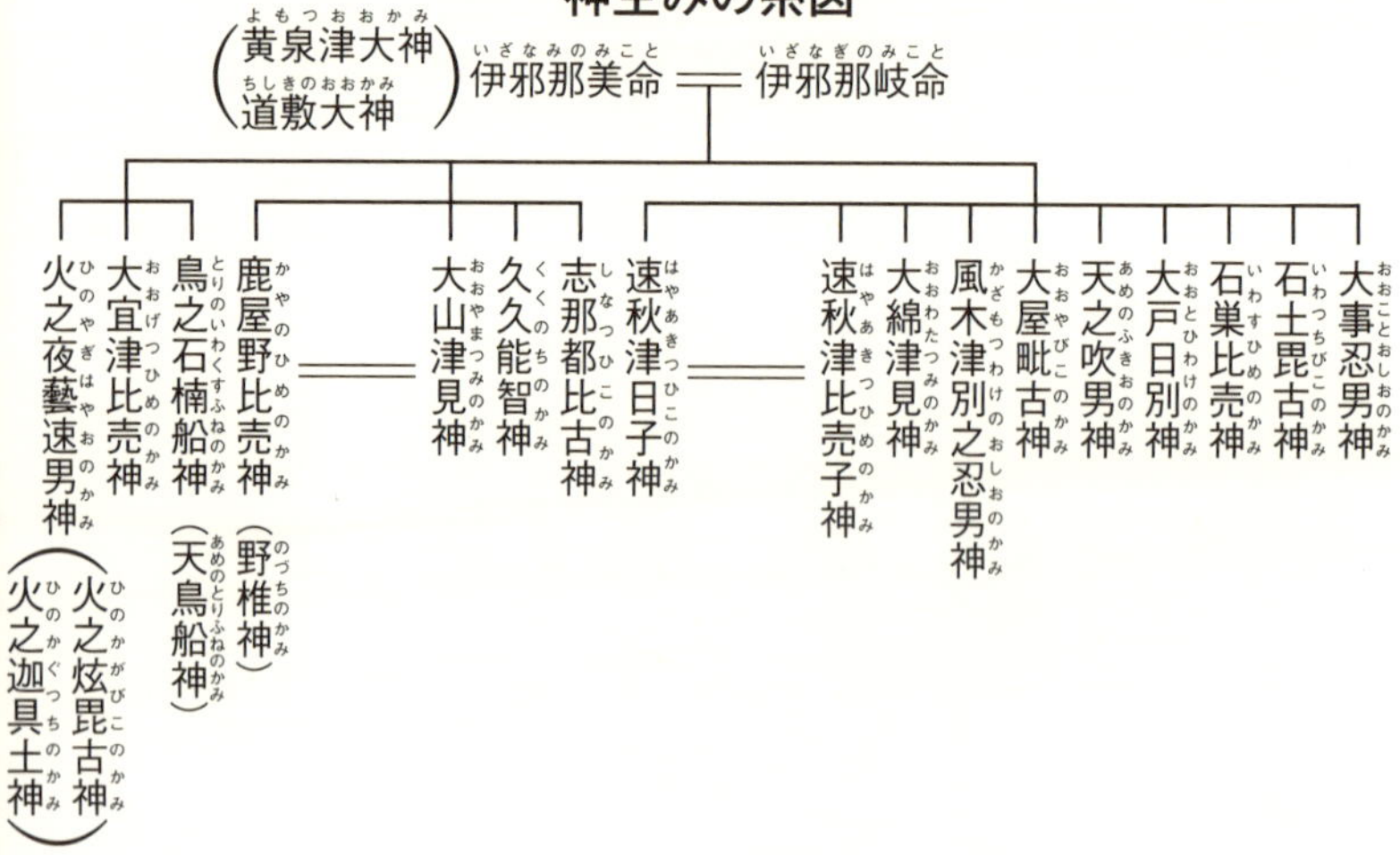

抱く望みが叶うように見守る神であった。

これに続けて石や土砂をつかさどる二柱の神と、住居をつかさどる三柱の神が誕生した。ついで風の神、海の神と二柱の河口の神が生まれた。ここまでの一〇柱の神が、一組の神になる。そのあとで父神と母神は、一まとまりの神をもうけた。風の神、木の神、山の神、野原の神である。

さらに父神と母神は、天地の間を行き来する天鳥船神《あめのとりふねのかみ》と、食物をつかさどる大宜都比売神《おおげつひめのかみ》を生んだ。そしてその次に火之迦具土神《ひのかぐつちのかみ》が現われた。

神生みの話の終わりに『古事記』は、伊邪那美命が火の神に焼かれて病み臥せってしまったと記している。

火は人々の生活に欠かせないものであった。しかし火の扱いを誤ると、大火災という取り返しのつかない災難が起きる。

『古事記』の伊邪那美命の死の物語は、人々に「火を注意深く扱いなさい」と教えるものであった。

伊邪那美命は火に焼かれる苦しみの中で、鉱山の神などの一〇柱の神を生んだ。それとは別に、河口の神である速秋津日子神《はやあきつひこのかみ》、速秋津比売神《はやあきつひめのかみ》の夫婦も八柱の神をつくった。

さらに山の神の大山津見神《おおやまつみのかみ》と野原の神である野椎神《のづちのかみ》も夫婦になって、八柱の神をもうけた。

このようにして、人々の日常生活に関連する神々がほとんど出揃ったのである。

日本の神生み神話に似た父神と母神が多くの子神を生む話は、南方に広く分布している。神生みの話は、国生みの話と共に航海民の手で淡路島に伝えられて広まっていったものであろう。淡路島でつくられた神生みの話に登場する神の数は、それほど多くはなかったと推測できる。

しかし各地で神生みの神話が知られるようになったあとで、一つの地方で祭られていた神が、次々に神生みの話に加えられていったと考えられる。

そのために、『古事記』の成立時には神生み神話の多様な異伝がみられるようになっていた。『日本書紀』では、第五段の本文と第六の一書に神生みの話が記されている。第六の一書には、『古事記』にない海峡の神速秋津日命《はやあきつひのみこと》が出てくる。

一方『日本書紀』の本文には、海の神、川の神、山の神、木の神、草の神が誕生したという話が記されている。このあたりの記述が、淡路島でまとめられた神生みの物語の原形に近いのではあるまいか。

『古事記』は、神生みの神話のあとで、妻を亡くした伊邪那岐命の悲しみを切々と記している。この記述が、妻を求めて黄泉国《よみのくに》を訪れたときの伊邪那岐命の失望を際立たせることになる。

伊邪那岐命は妻の空骸《なきがら》の枕のそばで大泣きし、それから足のそばに這っていってはじめて声を上げて大声で泣き伏した。このときに、伊邪那岐命の涙の中から泣沢女神《なきさわめのかみ》という水の神が生まれた。

偉大な父神は、深い悲しみの中にあっても人々の生活に必要な水の恵みを授ける神を生んだ。この泣沢女神は、飛鳥のそばの畝傍山《うねびやま》の井戸の神とされ、現在では奈良県橿原市《かしはらし》の畝尾都多本《うねおつたもと》神社で祭られている。

伊邪那岐命は深い悲しみの中で葬礼を行ない、妻を比婆《ひば》の山（出雲国と伯耆《ほうき》国の境にある山）に葬った。

このあとかれは、十拳剣《とつかのつるぎ》という長い剣を引き抜いて、災いを起こした迦具土神を斬ったとある。このとき迦具土神の体や飛び散った血から多くの神が生まれたとある。その中には岩の神、雷の神、水の神、山の神などがいた。

迦具土神は火の神だが、古代の日本では火山のはたらきも火の神の仕業とされていた。火山の噴火のあと、溶岩が固まって岩ができる。だから岩の神が火の神の子神とされたのである。

また火山の噴火の災厄が落雷に似ていたので、雷の神も火の神の子とされた。このとき生まれた建御雷神《たけみかづちのかみ》は、このあとの国譲りの神話で高天原からの使者として活躍することになる。『日本書紀』の国譲りの神話は、経津主神《ふつぬしのかみ》が建御雷神に同行したと記しているが、そこに書かれた経津主神は『古事記』にみえない神で、雷神の性格をもつ神である。

また落雷が天から降る刀と考えられたことによって、建御雷神と経津主神が剣の神とされることもある。

さらに火山の噴火で地形が変わり、新たな湧き水が出現することも多い。だから、水の神も火の神の子神とされた。また噴火で小さな山ができた例もある。そこから、火の神の子神とされた山の神もつくられたのだ。

ここに記した『古事記』とは別に、『日本書紀』には軻遇突智《かぐつち》（迦具土神）が埴山姫《はにやまひめ》という土の神と結婚して、稚産霊《わくむすひ》という食物の神を生む伝承がある。これは火と土の力によって食物ができるという発想にたつ話である。焼畑農耕を行なった集団が、そのような神話をつくったのだろう。

黄泉国訪問

『古事記』などに記された「黄泉国《よみのくに》訪問」の神話は、黄泉国という死者が住む世界を訪れた伊邪那岐命が不吉で恐ろしい目にあって逃げ帰る話である。しかし古代の日本人には、

古代人の世界観

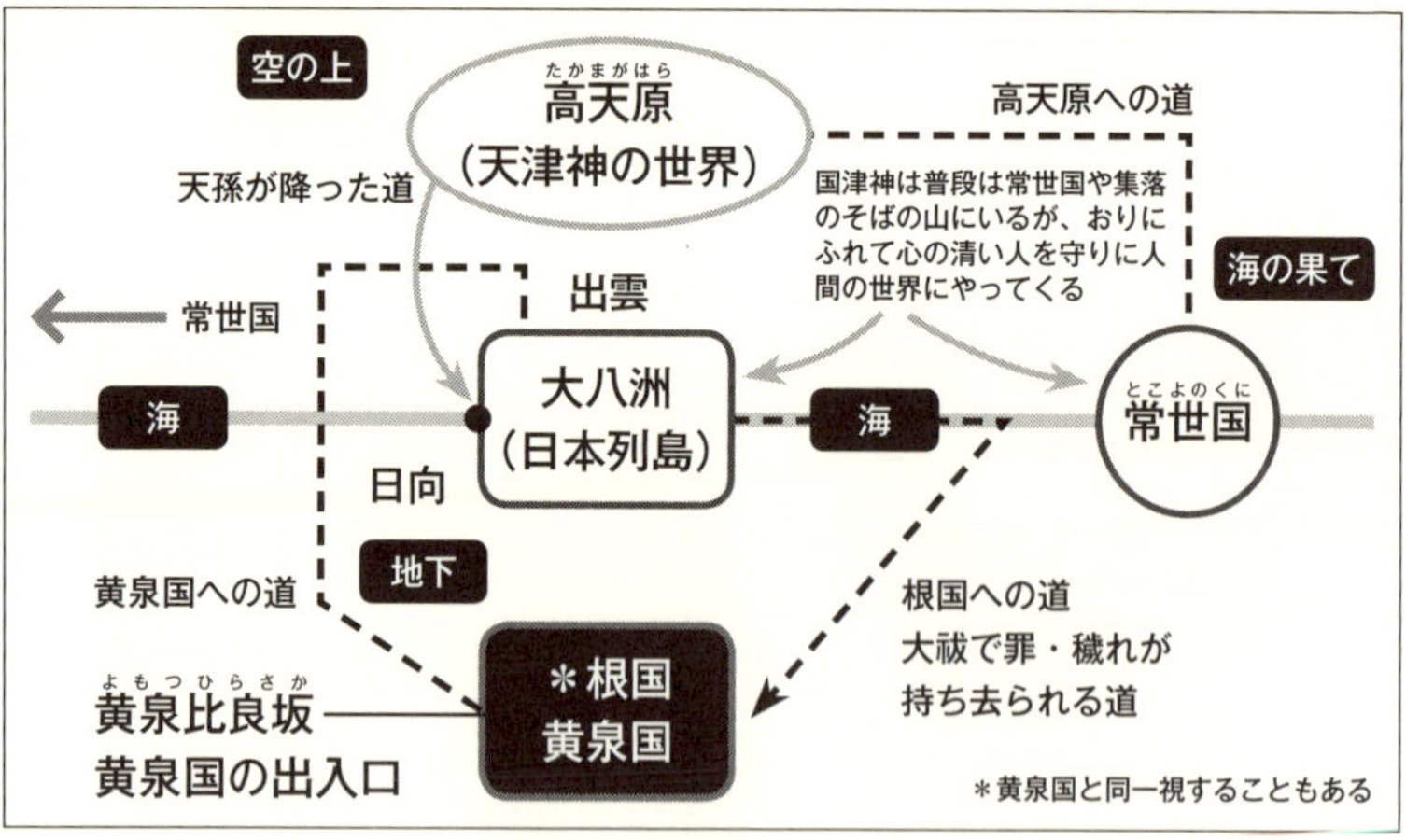

死者を怖れる発想はなかったと考えて良い。

当時の人々の死生観とは、精霊崇拝（アニミズム）にたつものであった。それは人間が亡くなると、その霊魂（精霊）は精霊の世界に行って神になるというものである。善良な心をもつさまざまな精霊が集まったものが神となって人々を見守っているとされたのだ。

古代の日本人はこのような発想にたって、みんなの祖先の霊魂を氏神として祭った。

「人間の霊魂は精霊の世界で団結して、動物・植物その他の多様な霊魂を指導して人々の生活を支えている」

これが、古代の祖霊信仰である。この発想は、現在にも受け継がれている。そのため神道の祭祀を行なう家は、先祖の位牌《いはい》を「神さま」と呼んで家の中に置かれた御霊舎《みたまや》で祭っている。

このような祖霊信仰を行なっていても、古代の日本人は、

「生きている人間の世界と死者の世界との間には、乗り越えてはならない境界がある」

と考えていた。亡くなった身内は神さまになったのだから、必要以上に故人に関わってはならないとされたのだ。

これから紹介する黄泉国訪問の神話は、人々に「生者と死者の境界を侵してはならない」と教えるものであった。

『古事記』は、伊邪那岐命は妻をこの世に呼び戻そうと考えて、神々の世界の掟《おきて》を破って黄泉国に向かったと記している。かれが黄泉国の支配者の御殿の扉の前で呼びかけたところ、生

前と変わらぬ美しい姿をした伊邪那美命が現われたという。

伊邪那岐命が妻に「地上に戻ってほしい」と頼むと妻は「私はもう黄泉戸喫《よもつへぐい》を、つまり黄泉国の火で焚いた食事をしてしまったので帰れません」と答えた。

しかし夫が熱心に頼むので、彼女は「黄泉国の神々に伺ってみます」と言って奥に入っていった。そのとき彼女は「けっして扉の中に入ってはいけません」と語った。

この故人の「黄泉戸喫」の話は、共食を重んじる発想を踏まえてつくられたものだ。よその家、よその村落といったほかの社会で食事をふるまわれて共食した者は、かつてその社会の一員でならねばならないとする習俗があったのだ。

婚礼のときに新妻が嫁ぎ先が用意した御馳走を食べて三三九度の盃を交わすのも共食である。これを済ませた新妻は簡単に実家に戻れなくなる。

妻の「黄泉戸喫をしてしまった」という言葉を聞いたときに、伊邪那岐命はそれ以上無理押しすべきではなかったと感じたであろう。

伊邪那岐命は黄泉国の入口で、亡き妻が戻って来るのを待ち続けた。しかしいくら待っても伊邪那美命は姿を見せなかった。

「黄泉国の神々が妻を酷い目に遭わせているのではないか」

こう考えた伊邪那岐命は、強引に扉を開いて入っていった。中は、一面の闇だった。かれは頭の櫛に火を点《つ》けて明かりにして奥に進んでいった。

すると、どろどろに腐った亡き妻の体が見えてきた。そこからは、恐ろしい姿をした八柱の雷神が生まれていた。このとき伊邪那岐命は一目散に逃げ出した。『古事記』の解説の中には「かれが、変わり果てた妻の姿を怖れて逃走した」とするものもあった。

しかし、おそらくそうではあるまい。伊邪那岐命は、自分のもとを去った妻が、自分に断わりもなしに自分の意に沿わない子神を生んだことに怒ったのだ。

別れた妻が知らない子供の母になっていると知ったときに、伊邪那岐命は伊邪那美命と別れて、地上に戻って新たに出直そうと考えたのだ。しかし伊邪那美命は夫の心変わりを深く恨んだ。そこで自分に仕える恐ろしい姿をした泉津醜女《よもつしこめ》たちを呼んで夫のあとを追うように命じた。

追手の姿を見た伊邪那岐命は、まず髪飾りを後方に投げた。するとそれはブドウになった。追手は足を止めて、ブドウを食べ始めた。醜女たちがブドウを食べ終えて追って来ると、伊邪那岐命は今度は櫛を投げた。

櫛は筍《たけのこ》になった。今度は醜女たちが筍を食べたので、伊邪那岐命はかなり先まで逃れることができた。

一安心していると、伊邪那美命が生んだ八柱の雷神と一五〇〇人の黄泉国の軍勢が追ってきた。かれらの足は速かった。伊邪那岐命は黄泉国の出口にあたる黄泉比良坂《よもつひらさか》の登り口まで来て、そこに生えていた桃の木から青い桃の実を三個取って後方に投げた。

桃には、悪い物を退ける呪力がある。だから雷神とかれに侍る霊勢は、桃の実が飛んでくるのを見て散り散りに逃げ散った。

この話のような三個の品物を投げて難を逃れる呪的逃走神話は、世界の各地に分布する。『古事記』のもとになった黄泉国訪問の神話の作者は、中国南部の呪的逃走神話の話を取り入れて、黄泉国訪問の物語をより面白いものにしたのだろう。

最後に恐ろしい表情をした伊邪那美命が追ってきたとある。このときに伊邪那岐命は巨大な岩で黄泉比良坂の登り口をふさぎ、妻に対して離別を言い渡したと『古事記』は記している。

これによって人々は、この世とあの世の間を往来できなくなったとされる。

ギリシャ神話に亡くなった妻を生き返らせるためにオルフェウスという若者が、死者の世界を治めるハデスの神のもとを訪れる話がある。オルフェウスは妻を返してもらうが、「地上に着くまで妻を見てはいけない」というハデスの言い付けに背いたために、妻はあの世に帰っていったという。

あの世に妻や恋人、娘を迎えにいった者が、願いを叶えられずに地上に戻って来る「オルフェウス型神話」と呼ばれる話は、世界の各地にみられる。さまざまな民族で、「いつまでも身内が亡くなった哀しみを引きずっていてはいけない」と教える話がつくられてきたのである。

伊邪那岐命の禊ぎ祓い

ようやく黄泉国から逃れることができた伊邪那岐命は、こう言った。

「私は、どうして死者が住むあのような汚い国に出かけてしまったのだろう」

そして、黄泉国で背負ってきた穢《けが》れを清めるための祓《はら》いをしようと決心した。

ここから記される伊邪那岐命の禊《みそ》ぎ祓《はら》いの物語は、人々に祓いの大切さを説く話である。『古事記』の神話の中では、この伊邪那岐命の祓いの話と、天の岩屋神話の最後に置かれた須佐之男命の祓いの話との二か所で、祓いの必要性が説かれている。

前に「神道は産霊の宗教である」という説を紹介したが、神道を「祓い」の宗教だとする解説もみられる。

「誰もが『祓い』によって本来のきれいな気持ちをもつようになれば、産霊が実現される」というのである。精霊崇拝の発想については前に説明したが、その精霊崇拝の考えによるとこのようなことになる。

「すべての人間に、精霊の世界から来た善良な心をもつ霊魂が宿っている」

だから霊魂のあるがままの姿にたって生きれば、人間も、さまざまな生き物も楽しい気持ちをもって繁栄する産霊が実現できる。しかしそのような霊魂のもつ良心を妨げるものに、「穢れ」

がある。

穢れとは、うっかりして失敗したり罪を犯したり、不運にあったりして、後ろ向きの暗い気持ちになることである。このような気分が沈んだときに人々は、他人に対して悪意をもったり、普段ならやらないような失敗をしてしまう。

「だから気分が沈んだときには、祓いを行なって気持ちを切り換えなさい」

と神道は説くのである。手や顔を洗ってお清めをしたり、塩をまいたり、神社や神棚にお参りするのが「祓い」である。このような祓いをするときには誰もが、こんな気持ちになるはずである。

「嫌なことは水に流してしまって、これから明るく生きていこう」

神道で、祓いによってきれいな心になった人間のありさまをこのように表現することもある。

「清く、明るく、正しく、直《すなお》で、赤い心」

ここの「明るい心」は、にぎやかで騒がしいありさまではなく、「うしろ暗いこと」のないまっすぐな気持ちを表わす。また「赤い心」とは、現代風にいえば「熱い心」とか「熱血心」といった概念になる。

情けを知らない人間のことを「冷血漢」というが、その反対の「熱い心」の持ち主は、情けの厚い人間になる。

さまざまな祓いの中で最上の祓いが、海や川の水につかって体を洗う禊ぎ祓いである。伊邪那岐命は、亡くなった妻への強い思いによって黄泉国に行ったという重い穢れを清めるために、最上の祓いである禊ぎ祓いを行なったというのである。

伊邪那岐命は、「竺《つ》（筑《く》）紫《し》の日向《ひむか》の橘小門《たちばなのおど》の阿波岐原《あわきはら》」を禊ぎ祓いの場と定めた。『古事記』は、伊邪那岐命が橘の葉が青々と茂った小さな川の河口で禊ぎ祓いを行なったというのだ。宮崎市の阿波岐原《あわぎはら》町にある江田神社を伊邪那岐命の禊ぎの地とする説もある。

伊邪那岐命はまず杖を置き、それから身に着けている衣服を一つ一つ脱いでいった。すると、旅人を守る一二柱の神々が次々に出現した。

このあと伊邪那岐命は、体を清めるために海に入った。すると二柱の穢れの神と、三柱の祓の神が現われた。

伊邪那岐命の祓から成った神々

投げ捨てた持ち物から生まれた神	杖	衝立船戸神《つきたつふなとのかみ》
	帯	道之長乳歯神《みちのながちはのかみ》
	袋	時量師神《ときはかしのかみ》
	衣	和豆良比能宇斯能神《わずらひのうしのかみ》
	袴	道俣神《ちまたのかみ》
	冠	飽咋之宇斯能神《あきぐひのうしのかみ》
	右手の腕輪	奥疎神《おきざかるのかみ》
		奥津那芸佐毗古神《おきつなぎさびこのかみ》
		奥津甲斐弁羅神《おきつかひべらのかみ》
	左手の腕輪	辺疎神《へざかるのかみ》
		辺津那芸佐毗古神《へつなぎさびこのかみ》
		辺津甲斐弁羅神《へつかひべらのかみ》

禊の行為で生まれた神	汚れた垢から生まれた	八十禍津日神《やそまがつひのかみ》
		大禍津日神《おほまがつひのかみ》
	災いを直すために現れた	神直毗神《かむなおびのかみ》
		大直毗神《おほなおびのかみ》
		伊豆能売神《いずのめのかみ》
	水底で濯ぐ	底津綿津見神《そこつわたつみのかみ》
		底筒之男命《そこつつのおのみこと》
	中ほどで濯ぐ	中津綿津見神《なかつわたつみのかみ》
		中筒之男命《なかつつのおのみこと》
	水上で濯ぐ	上津綿津見神《うはつわたつみのかみ》
		上筒之男命《うはつつのおのみこと》
	左目を洗う	天照大御神《あまてらすおおみかみ》
	右目を洗う	月読命《つくよみのみこと》
	鼻を洗う	須佐之男命《すさのおのみこと》

八十禍津日神《やそまがつひのかみ》、大禍津日神《おおまがつひのかみ》が穢れの神になる。気持ちが沈んで穢れたときでも、人間は神々に守られている。だから、穢れた者に宿る神も必要だとされたのだ。

そして穢れを直す力をもつ、神直毗神《かんなおびのかみ》、大直毗神《おおなおびのかみ》、伊豆能売神《いずのめのかみ》という三柱の祓の神が生まれたという。古代日本の人々は、祓戸《はらえど》の神と呼ばれるこの神々がいるから、穢れた者でも清められると考えた。

何か失敗をしても、あとになってこう思えることもある。

「あのときの失敗のおかげで、自分を見つめ直してより良い生き方ができるようになった」

だから素朴な神道を信仰する古代の人々は、罪や失敗を犯したり、人々に嫌われるふるまいをする者にも温かく接した。

「あの人は、あとになってみんなの役に立つ立派なことをするかもしれない」

こういった考えがとれたのである。

祓いの神が現われたあと、伊邪那岐命は、水に潜って体をていねいに清めた。このとき綿《わた》津見《つみ》三神と呼ばれる三柱の海の神と、住吉《すみよし》三神と呼ばれる三柱の海の神が生まれた。

綿津見三神は阿曇《あづみ》氏が祭る神で、住吉三神は津守《つもり》氏の氏神である。この阿曇氏と津守氏は、大和朝廷のもとで外交や貿易に従事した航海民を束ねる豪族である。

このあとで、伊邪那岐命は「三貴子」という最も尊い神を生んだ。まず左目を洗うと、太陽の神である天照大御神《あまてらすおおみかみ》が現われた。ついで右目を洗ったときに、月の神である月読命《つくよみのみこと》が出てきた。そして最後に鼻を洗った際に、須佐之男命《すさのおのみこと》といううりりしい神が生まれたというのである。

この話は、伊邪那岐命と伊邪那美命が神々を生む物語の最後におかれている。神々の世界では、最も有力な神が最後に出現すると考えられたのである。

父母にあたる神か、偉大な父神が、太陽、月などの神を生む話は南方に多くみられる。ギルバート諸島には、父神と母神が太陽、月、海の神を生む神話が伝えられている。

航海民が伝えた太陽、月などの誕生の神話が、国生み神話から始まる一連の神話の最後に組み込まれたのであろう。

伊邪那岐命と伊邪那美命　ゆかりの神社

国生み神話の主役である伊邪那岐命を祭る神社は、主に淡路島と近江の多賀から広まった。このほかに主に伊邪那美命ゆかりの神社もある。

水蛭子信仰は、中世に兵庫県の西宮神社から広まったものだ。これ以外の国生みに登場する伊邪那岐命や伊邪那美命の子神たちの多くは、もとは各地の豪族が氏神として祭っていた神々であった。

このあとそのような神々に関連する有力な神社もいくつか紹介しておこう。

◉伊弉諾《いざなぎ》神宮（兵庫県淡路市）

祭神……伊弉諾《いざなぎ》大神、伊弉冉《いざなみ》大神

この神社は、淡路市多賀《たが》の地にある。社伝には、この神社は伊弉諾大神の墳墓の地の上につくられたとある。ここに古くから淡路島全体の守り神とされて、「淡路島神」と呼ばれた。またそこには古代の淡路島の津名《つな》郡にあることから「津名神」とも呼ばれ、鎮座地によって「多賀明神《みょうじん》」ともいわれた。

伊弉諾神宮は、古い時代からさまざまな名前で淡路島の人々に慕われてきたのである。『日本書紀』に履中《りちゅう》天皇という五世紀の天皇が淡路島で狩りをしたときに、伊奘諾大神の神託を受けたという伝説がみえる。

この淡路島の伊弉諾大神にまつわる国生みの神話が、『古事記』の神話の中に取り入れられたのだ。伊弉諾神宮は、もとは伊弉諾大神だけを祭るところで、伊弉冉大神は別の神社に祭られていた。

しかし昭和七年（一九三二）になって、伊弉冉大神が祭神に加えられた。

◉多賀大社《たがたいしゃ》（滋賀県多賀町）

祭神……伊邪那岐命、伊邪那美命

この多賀大社では、『古事記』のもとになった神話がまとめられる前から伊邪那岐命と伊邪那美命が祭られていたと推測できる。

近江の多賀大社は、室町時代から積極的に各地に布教して多賀信仰を広めた。各地で活躍した近江出身の有力な商人もそれに協力した。

これによって江戸時代に多賀詣でがさかんに行なわれ、各地に多賀大社の分社がつくられた。

◉筑波山《つくばさん》神社（茨城県つくば市）

祭神……筑波男大神《つくばおのおおかみ》伊弉諾尊、筑波女大神《つくばぬのおおかみ》伊弉冉尊

二つの峰がつらなる、筑波山の山の神を祭った神社である。一つの峰の神が男神、もう一つが女神とされていたが、のちにその二柱の山の神が伊弉諾尊と伊弉冉尊とされた。

◉花窟《はなのいわや》神社（和歌山県熊野市）

祭神……伊弉冉尊、軻遇突智尊《かぐつちのみこと》

伊邪那美命の御陵（お墓）の地とされる。

◉伊弉冊《いざなみ》神社（兵庫県明石市）

祭神……伊弉冊大神、素盞嗚大神、猿田彦《さるたひこ》大神

屋船《やふね》豊受《とようけ》大神、火結《ひむすび》大神

淡路の船海民と交易していた、明石の航海民が祭った海神であったと推測できる。現在でも海神信仰から来るとみられる神輿《みこし》海上渡御《とぎょ》が行なわれる。

◉西宮《にしのみや》神社（兵庫県西宮市）

祭神……えびす大神（蛭児大神）、天照大御神、大国主大神、須佐之男大神

西宮神社の社伝は、伊邪那岐命、伊邪那美命の夫婦の最初の子である水蛭子が父母に船で海に流されたあと、西宮大神として西宮の海岸に戻ってきたとする。のちに西宮大神は「えびす大神」と呼ばれるようになった。この神は、もとは西宮の漁業者に海の神として祭られていた。

しかしその御利益が大きかったので、室町時代あたりから船を用いて商売をする商人の守り神にもなり、福の神として広く信仰されるようになったという。

◉龍田《たつた》大社（奈良県三郷《さんごう》町）

祭神……天御柱《あめのみはしら》大神、国御柱《くにのみはしら》大神

『古事記』には、伊邪那岐命、伊邪那美命の夫婦の間に志那都比古神《しなつひこのかみ》という風の神が生まれたと記されている。

また『日本書紀』の第六の一書では、その神の名を級長津彦命《しなつひこのみこと》と表記し、級長戸辺命《しなとべのみこと》という風の女神と一対の神として記されている。

この級長津彦命が龍田大社の祭神・天御柱大神で、級長戸辺命が国御柱大神であるとされている。天御柱大神、国御柱大神とは、天と地の間、つまり大気や正気、風力をつかさどる神であり、「御柱」とは「真の柱」という意味で、天地万物の中心の柱と解釈される。

◉秋葉山本宮《あきばさんほんぐう》秋葉神社（静岡県浜松市）

祭神……火之迦具土《ひのかぐつち》大神

現在、迦具土神が火をつかさどる神であることから転じて、迦具土神が火災を除く信仰が広まった。この迦具土信仰は、京都市の愛宕《あたご》神社と浜松市の秋葉神社から起こったものである。

秋葉神社はもとは秋葉山の山の神を祭る神社で、古くは「岐陛保神ノ社《きへのほのがみのやしろ》」と呼ばれていた。秋葉山を神格化した秋葉大権現が火をつかさどる霊験を有することから、秋葉大権現が火之迦具土大神とされた。そして鎌倉時代に入ると、秋葉山が修験道の道場となった。そのため秋葉山に本拠をおく修験者たちが各地を巡り、秋葉神社を剣難、火難、水難除けの神として広めていったのである。

愛宕神社はもとは、伊弉冉尊など五柱の神を愛宕山の神として祭る神社であった。伊弉冉尊などは本宮で祭られたが、そこの若宮で雷神《いかづちのかみ》や迦遇槌命《かぐつちのみこと》が祭られていた。

しかし愛宕山が修験道の道場として栄えたあと、修験者たちが若宮の迦遇槌命も含めた愛宕神社のすべての祭神を「愛宕大権現《だいごんげん》」と名付けて火除けの神として広めていった。

3 天照大御神と須佐之男命

高天原に向かう須佐之男命

『古事記』は伊邪那岐命《いざなぎのみこと》が、自分の首にかけた勾玉《まがたま》などを連ねた首飾りを外して天照大御神《あまてらすおおみかみ》に授けたと記している。古代人は不思議な輝きをもつ勾玉を持ち主の身を守る宝器だと考えていた。

「持ち主の身に災いが迫ったときに、勾玉は自らを犠牲にして持ち主を守る」といわれていたのである。現在でもパワーストーンをお守りにする人々がいるが、勾玉は単なる装飾品（アクセサリー）ではなく、つねに身に付けておくべき宝器だとされていたのだ。

伊邪那岐命は、自分の最も大切な宝器を娘の天照大御神に与えた。これは天照大御神を自分の後継者としたことを意味するものであった。

この世界を治める神の身を守るのは最も強い霊力をもつ勾玉であるとされたのだ。このような考えから、昔は皇室の三種の神器の中の勾玉は「天皇の身を守るもの」といわれてきた。

神道説の中に、神道の三つの宝器の役割について述べたものがある。そこでは鏡は正直、剣は勇気、勾玉は慈悲の徳を表わすものだとされている。

あらゆるものの姿を正確に映す鏡は、正直な心をもたらす。そして、邪悪なものを退ける力をもつ刀は勇気を、自らの身を捨てて主人を守る勾玉は慈悲を人々に与えるというのである。

伊邪那岐命は天照大御神に勾玉を与え、「天に昇って高天原《たかまがはら》を治めよ」と命じた。そして次に、月読命に「あなたも天に昇って夜の食国《をすくに》を治めよ」と言った。

古代の日本人は、全く正反対の昼と夜が交互に訪れることによって、自然界が正しい形に運営されていると考えた。明るい昼間は気分が良いが、暗い夜がくるから人間は夜眠ることができる。そうだとすれば一人の神様が明るい昼と暗い夜をもたらすとするよりも、「昼の神様と夜の神様が交代で天の世界を治めている」と考えるのが自然だとされたのだ。

伊邪那岐命は、このようにして二柱の神に天の世界を委ねたあと、須佐之男命《すさのおのみこと》にこう言った。

「あなたは海原を治めなさい」

天照大御神と月読命《つくよみのみこと》は、父神の言い付けに従って天に昇った。しかし下の弟の須佐之男命は海原を治めようとせず、泣き暮らしていたという。

このような三貴子の分治の話は、前に挙げたギルバート諸島の神話に代表される南方の島国の神話をもとにつくられたものである。王家は六世紀はじめに、太陽神である天照大御神という新たな神を信仰するようになった。

それに続いて王家のもとで祭祀を担当した中臣《なかとみ》氏の手によって、天照大御神を主人公とする神話がまとめられていった。六世紀半ば頃になされたこのような高天原神話の創作の過程で、ギルバート諸島などの南方にみられる三貴子の分治の話が日本神話に組み込まれたと思われる。そのときに出雲で信仰されていた須佐之男命が天照大御神の弟とする形がとられた。そして三柱目に、壱岐島《いきのしま》などで信仰されていた月読命が組み入れられた。

しかし月の神は、王家や中臣氏になじみの無いものであった。そのため『古事記』などの神話で月読命が活躍する場面は、ほとんど見られない。

南方の島で生活する人々の目からみれば、狭い島の陸地だけが人間の生活圏である。そして空と海は、人々の知らない世界ということになる。

そのような人々が、偉大な神が空と海を治める三人の神を生んだという話を創作したのだ。ところが中臣氏がつくった日本の神話では、海を割り当てられた神様は、父神の言い付けに従わなかった。『古事記』はこのように記している。

須佐之男命は父神のもとで、わがままに過ごしていた。海を治めるように小言を言われると、須佐之男命は「私は母神のいる根国《ねのくに》（黄泉国）に行きたい」と言って反抗した。そのため父神は堪忍できずに、須佐之男命を自分のもとから追放したとある。

天照大御神と須佐之男命の誓約

父の伊邪那岐命から出ていくようにと言い渡された須佐之男命は、わざと笑顔をつくってこう言った。

「それではまず高天原に行って、姉上の天照大御神にお別れを告げましたあとで、私の好きなところに参りましょう」

かれがここで泣いて詫びたならば、父神は須佐之男命を許して、そのまま手許《てもと》に置いていたかもしれない。しかしそのような無様なまねはできない。出ていけと言われたら、よそに行って必ず偉くなってみせる。誇りある日本の男性は、古くからそのように考えた。

だから須佐之男命はやせ我慢をして明るくふるまって出立《しゅったつ》した。私は『古事記』のこの部分をこのように解釈している。

「許して下さい」とすがってくる相手を、無理やり追い払ったら嫌な気持ちになる。だけど「出ていきなさい」と言ったときに、不平も言わずに明るく去っていくと相手が愛しくなる。

伊邪那岐命は「あの出来の悪い息子は、我儘《わがまま》だが可愛げのあるやつだった」と思ったことだろう。だから須佐之男命に去られて話し相手を無くして一人ぼっちになった伊邪那岐命は、まもなく近江の多賀の地にお隠れになった。

須佐之男命は高天原へと登っていったが、荒ぶる神であるかれが登って来ると高天原の地は嵐にあったように大揺れした。

天地が揺らぐ響きを聞いた天照大御神は、乱暴な弟が高天原の地を奪いに来たのではないかと思った。そのため彼女は男装して、武器を身に付けて戦士支度をした。

須佐之男命の姿を見た天照大御神は、厳しい声でこう言った。

「お前が悪い心をもたないことを証明しなさい。そうしないとここから先へ入れません」

この言葉に対して須佐之男命は、こう答えた。

「互いに子供を生む形で誓約《うけい》を行なって、私の心を明らかにしましょう」

このあと姉と弟の神は、神事を行なう河原を流れる天《あめ》の安河《やすかわ》の両岸に立って誓約を行なった。

まず天照大御神が、須佐之男命の剣をもらい受けてそこから三柱の女神を生んだ。

多紀理毘売命《たきりひめのみこと》、市寸島比売命《いちきしまひめのみこと》、多岐都比売命《たきつひめのみこと》の三柱である。この女神は宗像《むなかた》大社（福岡県宗像市）で、海の神として祭られている神々である。

姉神の誓約を受ける形で須佐之男命は、天照大御神が身に付けている五個の玉を次々にもらって、五柱の神を生んでいった。

皇室の祖先にあたる天之忍穂耳命《あめのおしほみみのみこと》と、天之菩卑能命《あめのほひのみこと》、天津日子根命《あまつひこねのみこと》、活津日子根命《いくつひこねのみこと》、熊野《くまの》久須毘命《くすびのみこと》が次々に現われた。

天照大御神は子供を生み終わったあとこう言った。

「私の持ち物から生まれた五柱の男性の神は、私の子神です。あなたの剣から生まれた三柱の女神は、あなたの子供にしなさい」

このあと須佐之男命はこう言った。

「私の心が正しかったので、私の剣からおとなしい女神が生まれました。この誓約は私の勝ちですね」

この誓約の神話は、天之忍穂耳命を天照大御神の子神とするためにつくられたものだと考えられる。古い時代には高天原から日向に降った邇邇芸命《ににぎのみこと》が、天照大御神の子とされていたのではあるまいか。

しかし皇室の系譜を高御産巣日神《たかみむすひのかみ》と結び付けるために、のちに邇邇芸命の前に天之忍穂耳命がおかれ、高御産巣日神の娘がかれの妻になって邇邇芸命を生んだとされた。

さらに天之忍穂耳命が天照大御神の子となったあと、出雲氏の祖先神を天之忍穂耳命の弟とする神話がつくられたらしい。

『古事記』のものより古い形の神話は、天照大御神の主導のもとに、須佐之男命が大御神の玉から二柱の子神を生むものであったろう。のちに、そのような話に宗像の三柱の女神と三柱の男性の神が加えられて、誓約の話が完成したのである。

天の岩屋

『古事記』の記述から、誓約によってきれいな心の持ち主であると認められた須佐之男命が、高天原で生活することになったと推測できる。

しかしそのあと須佐之男命は、高天原でさまざまな失敗を犯してしまった。『古事記』の解説書の中にはそのあたりのことを、次のように記すものもある。

「須佐之男命は誓約で自分が姉に勝ったと考えて、思い上がってあれこれ乱暴をはたらいた」

しかし古代の日本人の思考からみればそのような説明に従うべきではないことが分かってくる。

古代の日本人は、精霊崇拝にたつ神道思想によって、「人間は誰もが善良な心をもっている」と考えていた。さまざまな考えをもつ人間がいるが、相手の立場に立って物事を考えていけば、互いに理解できるというのである。

だから神道は、このような発想にたった穢れと祓いを重んじた。前に紹介した伊邪那岐命の黄泉国訪問は祓いの大切さを教える神話であったが、高天原における須佐之男命の話も穢れと祓いの形をとっている。

『古事記』は、このように記している。

「須佐之男命は天照大御神の田の畔《あぜ》を崩し、溝を埋め、初穂を神に捧げる神殿の聖域を汚した。神たちが次々に、このような須佐之男命の乱暴のことを天照大御神に訴えた。これに対して天照大御神は、こう言って神々をなだめた。

『弟は、土地がもったいないと思って畔や溝を壊して田にしようとしたのでしょう。またかれは、酒に酔ってそこが聖域であることを知らずに吐いてしまったのでしょう』

しかし間もなく須佐之男命は、取り返しのつかない失敗をした。かれの馬が祭祀に使う神聖な衣服を織る工房に暴れ込んだのだ。そのために、機織女が逃げようとしてうっかり織機に体をぶつけて亡くなった。

この事故のことを知った天照大御神は、弟神が犯した罪の責任を取るために天《あま》の岩屋《いわや》という洞窟にこもり、その出入り口を閉じてしまった」

古代の日本では、須佐之男命が高天原で犯した罪は「天津罪《あまつつみ》」と呼ばれていた。当時の日本で稲作によって支えられた社会がつくられていたために、稲作を妨げる罪が天津罪とされたのだ。

田の畔や用水路に用いられた溝を壊すのは、農耕を妨げる罪である。また豊作を願う農耕神の祭祀を妨害する行為も重大な罪とされた。

悪意がなくても、天津罪になる。誰かの不注意で稲の収穫量が減れば一大事だからである。須佐之男命は、高天原の農耕生活に関するさまざまな取り決めを知らずに、うっかり天津罪を犯したのである。

頭を下げて年長者に教えを乞えば、このような失敗をせずに済んだ。だが須佐之男命は自分が太陽神の弟であることで、思い上がってしまったのだ。

須佐之男命の乱暴の神話は、人々に「しかるべき人に物事を教わって、みんなが定めた決まり事を守って生活しなさい」と教えるものである。

天照大御神が天の岩屋に隠れてしまうと、高天原も地上も闇になってしまった。世の中が真っ暗になると、それまでおとなしくしていた悪い神々が騒ぎ始めた。

そのため「天津神《あまつかみ》」と呼ばれる高天原の神々は、神事の場である天の安河の河原に集まって天照大御神を岩屋から出す相談を始めた。誰もが「多くの者の知恵を集めれば、難局を打開することができる」と考えたのだ。

あれこれ意見が出されたが、最後に思金神《おもいかねのかみ》という知恵のある神が、みんなが納得できるこのような案を出した。

「にぎやかな祭りを開くことによって、天照大御神にお出ましいただこう」

この天の岩屋神話は、祭祀を行なえばすべての悩み事を解決できるとする神道の教えを記したものである。

江戸時代までの日本人は、一つの村落や都市の中の一つの町内を単位に生活していた。一つの地域の住民が、支え合って助け合っていたのである。

しかし同じ地域の住民の中には、気の合わない者もいる。だから些細《ささい》なことでさまざまないさかいが起こる。氏神の祭りは、こういった閉鎖された社会に欠かせないものであった。日本の祭りには面倒な戒律はない。氏子たちがあれこれ工夫してみんなが楽しめる祭りをつくり上げれば良いのである。

だから日頃から反目していた相手であっても、祭りで共に神輿を担ぎ、楽しく宴会をすれば「嫌なことは水に流して忘れてしまおう」という気になる。祭りの日に楽しんだあとで、新たにきれいな気持ちになって日々の生活を送れるようになるのである。

かつてこのような祭りは、祓いの一つの形として機能していたのだ。

『古事記』は、まず天児屋根命《あめのこやねのみこと》と布刀玉命《ふとだまのみこと》が鹿の骨を焼いてどのような祭りをすべきか占った。日本の神々は万能の神々ではなく、占いによって自然界をつかさどる大きな意志を尋ねながら行動するのである。

このあと布刀玉命が、天児屋根命の部下にあたる神々が準備した鏡と勾玉を榊《さかき》という神聖な木にかけて祭りの場に飾った。『古事記』の神話はこのような形で、皇室の三種の神器の中の二つの起源を天の岩屋の祭祀のときにおいている。

最後の天叢雲剣《あめのむらくものつるぎ》（草薙剣《くさなぎのつるぎ》）は、八俣遠呂智《やまたのおろち》退治の神話の中で語られる。

祭りの準備が整ったあと、高天原の神々は常世の長鳴鳥という爽《さわ》やかな声で鳴く鶏を集めて一斉に鳴かせた。そしてそれを合図に、御神楽《おかぐら》が始まった。

天宇受売命《あめのうずめのみこと》という若くて美しい女神が登場して、こっけいな振り付けをした楽しい踊りを舞った。これを見た神々は、一斉に声を上げて笑った。

すると岩屋の中にいた天照大御神が、何が起こったのか知りたくなって岩屋の扉を少しだけ開いた。するとそこから闇の中に明るい光が広がった。

夜明けに鶏が鳴くことから、鶏は太陽を呼んで闇を消すことによって災いを退ける力をもつ神だと考えられた。この発想は、東南アジアから中国南部を経て日本に伝わったものだと考えられている。

また神々の笑い声が天照大御神を呼び出したという神話は、「人々の笑いはすべての災厄に打ち勝つ力をもつ」とする信仰に基づいてつくられた。笑いを重んじる日本人の発想は、人々が楽しく過ごすことを勧める神道の産霊の思想にたつものである。

『古事記』は、天照大御神が天の岩屋の扉を少し開いたあと、天手力男命《あめのたぢからおのみこと》という力持ちの神が彼女の手をとって、太陽神を一気に外に引っ張り出したと記している。

ここに記したような天の岩屋の話は、南方に多くみられる日食神話をもとにつくられたといわれている。古代には日食のときに神々を祭って日食が早く終わるように祈る習慣が世界の各地にみられた。

この天の岩屋神話では、中臣氏の祖神とされる天児屋根命《あめのこやねのみこと》とその神に関連する神々が重要な役割を受けもっている。そのため中臣氏が南方から伝わった神話に脚色を加えて、天の岩屋の話をつくったとされる。

八俣遠呂智退治

天の岩屋の話のあとに、須佐之男命の祓いの話がおかれている。それは日本神話の流れの中で重要な位置にあるものだが、私はその部分をこのように解釈している。

『古事記』の簡単な記述からは、神々が須佐之男命に無理やり祓いをさせたとも解釈できる。しかしそうではなく須佐之男命が心から詫びたので、神々が祓いによってかれを許すことにした、とみるのが妥当であろう。

須佐之男命は日食という災厄を起こしてしまったことを深く反省し、高天原の神々に「どのような償いでもします」と申し出た。そのため神々はあれこれ話し合ったあと、須佐之男命に祓いを命じた。

前にも述べたが、この須佐之男命の祓いの話は、伊邪那岐命の祓いの話と共に、

「祓いには、あらゆる災厄を除く力がある」

とする神道思想を人々に説くものであった。

あれこれ失敗をしてきた我儘な須佐之男命は、祓いによって優れた神になって出雲に降って人々を導いたとされたのである。

『古事記』は、須佐之男命が、「千位《ちくら》の置戸《おきど》」という一〇〇〇個の机に盛ったさまざまな供え物を差し出したと記している。さらにかれは、長い鬚《ひげ》を剃り落とし、手足の爪をきれいに切って身の穢れを清めたともある。

高天原の神々は、天の岩屋の祭りのためにさまざまな品物を消費した。だから須佐之男命は、今後の祭祀に用いるために財産の一部を差し出したのである。

古代の日本には、「祓い」と称して財産を神々に献上する習慣があった。神道の禁忌（タブー）

を犯したり、祭祀関連の事柄に失敗したり、些細な犯罪を行なった者は、祓いによって許されるとされたのだ。

祭祀のための献上品を自主的に差し出した者の罪は、快く水に流してもらえたのだ。祓いで出された品物は、一つの集団を指導する首長や祭官の管理のもとにおかれ、祭祀のときに用いられた。

現在でも神社にお参りしてお賽銭《さいせん》を捧げる行為は、知らず知らずのうちに犯した罪を清める「祓い」だと説明されている。

『古事記』は、須佐之男命が祓いを終えたあと出雲国に降って八俣遠呂智《やまたのおろち》を退治した話を記している。須佐之男命は出雲の斐伊川《ひいかわ》の流域の鳥髪《とりかみ》の地に降り立ち、そこから川上に向かった。すると美しい娘と共に泣いている老夫婦と出会った。須佐之男命がわけを尋ねると、八俣遠呂智という怪物が生贄として娘を求めているという。そこで、須佐之男命は一計を案じて、大蛇に酒を飲ませて酔ったところを斬り殺したとある。

高天原の天の岩屋の物語は中臣氏が新しくつくった話だが、この八俣遠呂智の神話は古くから出雲に伝わる伝説をもとにまとめられた神話である。須佐之男命は、出雲で信仰された土着の神であった。

斐伊川は出雲最大の川で、この斐伊川の流域には豊かな農地が広がっていた。須佐之男命が降り立ったと伝えられる鳥髪は船通山《せんつうざん》のことで、その山は古代に仁多《にた》郡と呼ばれた斐伊川上流にある。

八俣遠呂智退治は船通山よりさらに上流の、斐伊川の水源に近いあたりでなされたとみられる。このことから、八俣遠呂智は斐伊川というしばしば洪水を起こす川を表わす、とする解釈もある。そこでは須佐之男命の遠呂智（大蛇）退治は、洪水によって斐伊川の災害を防いだ人々の営みを表わすというのである。

また、遠呂智退治の神話に、須佐之男命が遠呂智（大蛇）の尾を斬ったときに、尾の中から天叢雲剣を得たという記述がある。須佐之男命は、その剣を天照大御神に献上したという。このような話を踏まえて、遠呂智（大蛇）は製鉄に従事する集団で、出雲の豪族が製鉄民を従えたことをもとに八俣遠呂智の退治の話がつくられたとする意見もある。

須佐之男命はもとは、古代に飯石《いいし》郡須佐郷《すさごう》と呼ばれた地域（島根県雲南市）で祭られた神であったと推測できる。出雲の古代の伝説を集めた『出雲国風土記《ふどき》』に、須佐之男命が須佐郷の地に自分の魂を鎮めて、大須佐田、小須佐田を設けたという記事がある。

須佐郷を治めた豪族が須佐の農地を開いた自家の先祖を須佐之男命と名付けて祭っていたのだ。その神が自分の本拠地の須佐から斐伊川をさかのぼったところで川の神である八俣遠呂智を従えたといわれていたのだろう。

神話学では、八俣遠呂智退治の神話は、世界に広く分布するペルセウス・アンドロメダ型神話の一つだとされている。この神話は、東は日本から西はヨーロッパのスカンジナビア半島にいたる広い範囲に広がっている。

ギリシア神話に、勇者ペルセウスが、怪物の生贄にされそうになったアンドロメダを救う話がある。農耕民族の中に、この神話に似た話をもつものが多いことも明らかにされている。そこで神話学では、そういった話の中の怪物とは作物を枯らしてしまう冬の寒さを表わすとされる。そして、ペルセウスのような勇者は厳しい自然と戦って農業を発展させてきた人間の営みを象徴するものだというのである。

須佐之男命の結婚

須佐之男命は、八俣遠呂智から救った櫛名田比売《くしなだひめ》という美しい娘を妻に迎えることにした。彼女は、大山津見神《おおやまつみのかみ》の孫にあたる女神であった。

大山津見神の息子の足名椎《あしなづち》が、櫛名田比売の父で、彼女の母を手名椎《てなづち》といった。

須佐之男命は、出雲のあちこちを巡って宮をつくるべき地を探した。そしていまは須賀《すが》というところに来たときに、すがすがしい気分になった。

このとき須佐之男命はそこに「須賀」という地名をつけて、須賀に櫛名田比売のための御殿をつくることにした。このときに須佐之男命は、美しい雲が立ち昇るのを見て、次のような和歌を詠んだという。

「八雲《やくも》立つ　出雲八重垣《やえがき》　妻籠《ご》みに　八重垣つくる　その八重垣を（多くの雲が湧く出雲の御殿よ、妻のために私は御殿をつくる。おおわが御殿よ）」

のちにこの和歌は、日本最古の和歌だといわれるようになった。

御殿が完成したあと須佐之男命は、足名椎にこう言った。

「我が宮《みや》の長官となって、私を助けて出雲の地を治めて下さい」

このとき須佐之男命は、足名椎に「稲田《いなだ》の宮主《みやぬし》の須賀の八耳《やつみみ》の神」という称号を授けた。

須佐之男命が、櫛名田比売と結婚したあと、二人の間に八島士奴美神《やしまじぬみのかみ》が生まれたと『古事記』にある。この神は、大八洲つまり日本全体を治める神という意味の名前をもつ神であった。八島士奴美神の子孫に多くの神々がおり、その神々は「国津神《くにつがみ》」と呼ばれる日本各地の土地の守り神になったとされている。

のちに須佐之男命は、大山津見神の娘にあたる神大市比売《かむおおいちひめ》も妻の一人にした。この神大市比売は、稲の神である大年神《おおとしのかみ》と食物の神である宇迦之御魂神《うかのみたまのかみ》を生んだ。

この二柱の子神は、古代にあちこちで祭られた人気の高い神であった。のちに稲荷《いなり》信仰が広まると、稲荷神社の祭神が宇迦之御魂神だといわれるようになった。

『古事記』の物語は一夫多妻の時代に書かれたので、そこでは何人もの魅力ある女神を妻にして多くの子神をもうけた者が優れた神だとされていた。

私は須佐之男命は、現在の出雲大社の宮司家（千家家《せんげけ》）につながる出雲氏が古い時代に祭った神であったと推測している。

二世紀頃に出雲全域の豪族連合がつくられ、島根県出雲市の荒神谷《こうじんだに》遺跡で豪族連合の豪族たちの共同の祭祀が行なわれるようになったとみられる。この祭祀は出雲大社の神事につらなるものであったが、二世紀に荒神谷の祭祀を主導したのが古代豪族の神門《かんど》氏の先祖であったらしい。

神門氏は、現在の出雲市にあたる出雲郡を本拠にしていたと推測される。そしてこの神門氏の先祖の分家筋の豪族が、出雲氏の先祖であったとみて良い。

かれらは最初は、荒神谷遺跡に近い飯石郡須佐郷を本拠にしていたとみられる。そこには古代から続く須佐神社がある。

須佐之男命は、もとは須佐の地の守り神であった。現在の須佐神社の宮司家は、足名椎の神の子孫だと称している。八俣遠呂智退治神話の原型はこの須佐の地でつくられたのであろう。

この須佐の出雲氏の氏族で、島根県雲南市の須我《すが》神社のあたりに移住した集団がいた。かれらによって、須佐之男命が、須賀に御殿を営んだとする話がつくられたとみられる。

須我神社の後ろに、美しい形をした八雲山がある。この八雲山の名前は、須佐之男命の「八雲立つ」の和歌にちなんで名付けられたのであろう。

出雲氏はこの須賀で勢力を拡大し、古代に意宇《おうぐん》郡と呼ばれた現在の島根県松江市のあたりに勢力を広めた。松江市八雲町に熊野《くまの》大社という有力な神社がある。出雲氏は意宇郡に移ったあと、勢力を目覚ましく拡大した。

そしてかれらは四世紀半ばに大和朝廷と結んで神門氏を従えて出雲郡もその勢力圏とした。『古事記』が記すように出雲神話は、このような出雲氏の主導でまとめられた。そのためそこに、出雲氏に関連する神々が多く登場するのである。

天照大御神と須佐之男命 ゆかりの神社

天照大御神は、六世紀に王家が祭祀を始めた新しい神である。王家（皇室）は長い間にわたって王家の血をひかない豪族（貴族）が勝手に天照大御神を祭るのを禁じていた。

しかし鎌倉時代に伊勢神宮に対する朝廷の保護が後退したあと、伊勢神宮の神職が各地に赴いて独自の布教をするようになった。これによって伊勢神宮の分社である神明《しんめい》神社や天祖《てんそ》神社が、日本全国に広まっていった。

須佐之男命はもとは出雲の豪族が祭った氏神で、主に出雲と出雲からの移住者の居住地で祭られていた。そのあと平安時代に京都の祇園社《ぎおんしゃ》（のちの八坂《やさか》神社）の牛頭《ごず》天王《てんのう》信仰がさかんになり神仏習合で牛頭天王が須佐之男命と同一の仏とされた。このことによって、須佐之男命を祭る祇園社の分社である祇園社や天王《てんのう》社が各地に広まっていった。

天照大御神と須佐之男命に関連する神社を紹介するが、月読命その他の天の岩屋神話関連の神社にもふれておこう。天児屋根命《あめのこやねのみこと》などは、天孫降臨のところで取り上げることにする。

◉皇大《こうたい》神宮（伊勢神宮の内宮《ないくう》・三重県伊勢市）

祭神……天照坐皇大御神《あまてらしますすめおおみかみ》

「お伊勢さん」と呼び親しまれる伊勢神宮（正式には「神宮」）のこと。

皇大神宮は皇室の祖先神であり、日本全体の守り神である天照大御神を祭り、日本で最も格式の高い神社とされている。この皇大神宮の御神体が、三種の神器の中の八咫鏡《やたのかがみ》である。皇居の賢所《かしこどころ》に安置された三種の神器の中の宝鏡は、八咫鏡の形式《かたしろ》（代わりのもの）である。『古事記』は、第一〇代崇神《すじん》天皇の娘の豊鉏比売命《とよすきひめのみこと》が伊勢で大御神の祭祀にあたる役目についたと記している。

これに対して『日本書紀』には、豊鍬入姫命《とよすきいりひめのみこと》（豊鉏比売命）が崇神天皇のときに大和の笠縫邑《かさぬいむら》（桜井市）で天照大御神を祭ったとある。そして第一一代垂仁《すいにん》天皇のときに天照大御神の祭祀の場を伊勢に移したと記している。

しかし、実際には天照大御神の祭祀は第二六代継体天皇のときに笠縫邑で始められ、伊勢に神宮が創建されたのは七世紀末の第四〇代天武天皇の時代であるとみる説もある。天武天皇は二〇年に一度の式年遷宮の制度を定めると共に、豪族たちが祭っていた神社に対する統制を強め、天皇が国内のすべての神社を祭る原則を定めていく。

◉月讀《つきよみ》神社（長崎県壱岐市）

祭神……月夜見命、月弓命、月読命

古代にこの神社は、壱岐を治めた壱岐県主《あがたぬし》という地方豪族の氏神であった。壱岐は月神の子孫だと称していた。

◉月山《がっさん》神社（山形県庄内町）

祭神……月読尊

この神社は月山の山の神を祭る神社で氏子の月神信仰によって山の神が月の神とされた。この神社の月神信仰は壱岐の信仰とは別のものだとみられる。

◉八坂《やさか》神社（京都市）

祭神……素戔嗚尊（須佐之男命）、櫛稲田姫命（櫛名田比売）、八柱御子神

平安時代はじめに、牛頭天王（素戔嗚尊）が京都の東山山麓祇園林に現われたという伝承がある。このとき僧円如《えんにょ》が建てたお堂をもとに祇園社ができたという。このあと祇園社は、京都の住民に疫病除けの神として信仰されるようになった。

そのため朝廷が祇園御霊会《ぎおんごりょうえ》という祇園社の祭祀を始めた。これが室町時代に町衆《まちしゅう》と呼ばれる京都の商工民の手で大きく発展し、現在の祇園祭につながった。祇園社は神仏習合の寺院として比叡山など有力寺院の保護下に置かれていたが、明治の神仏分離のときに神社として、八坂神社の社名を用いるようになった。

◉氷川神社《ひかわじんじゃ》（さいたま市）

祭神……須佐之男命、稲田姫命《いなだひめのみこと》、大己貴命《おおなむちのみこと》（大国主神）

社伝には、この神社は第五代孝昭《こうしょう》天皇の時代に始まるとする。

かつてこの氷川神社は、武蔵国に多くの分社をつくって繁盛していた。元荒川（江戸時代に流れが変えられる前の荒川）と多摩川の流域には、氷川神社の分社が数百社みられる。出雲系の信仰をもつ豪族があちこちの氷川神社の分社を祭っていたのだ。

明治天皇は東京遷都のときに、氷川神社に行幸して自ら氷川神社を祭った。これは氷川神社を京都の賀茂神社にならって新たな皇居の鎮守とすると宣言する行為であった。

◉戸隠《とがくし》神社（長野市）

祭神……天手力雄命《あめのたぢからおのみこと》、九頭龍大神《くずりゅうのおおかみ》、天八意思兼命《あまのやごろおもいかねのみこと》、天表春命《あめのうわはるのみこと》、天鈿女命《あめのうずめのみこと》

霊山戸隠山は「天の岩戸」が飛来してできたとの伝説があり、古くから天の岩戸開きに功績のあった神々が祭られている。御本社奥社には天の岩戸から天照大御神を導き出した天手力男神が、中社には天の岩戸開きの策を考案した知恵の神、思金神（思兼神）が祭られる。

戸隠修験の霊場としても栄え、すでに平安末期には名だたる霊現所とされ、地主の神である九頭龍大神の住む山、修行の山として長く信仰されてきた。

思金神は秩父国造の祖先神とされ、前に挙げた秩父神社（埼玉県秩父市）にも祭られている。

また清水寺（京都市）の本堂の北側に、清水寺の鎮守の地主《じしゅ》神社があり、その祭神の中に思金神がみられる。

4 大国主神の国作り

稲羽の素兎

『古事記』は大国主神《おおくにぬしのかみ》を、須佐之男命《すさのおのみこと》の五代目の子孫だとする。つまりかれは須佐之男命の曽孫の孫ということになる。この五代の間に、須佐之男命の子孫は大いに繁栄した。

出雲には多くの神がおり、そこは「神々の国」と呼ぶのにふさわしいところになっていた。大国主神の父にあたる天之冬衣神《あめのふゆきぬのかみ》は、とくに子だくさんの神であったと伝えられている。大国主命には、八十神《やそがみ》と呼ばれる多人数の兄がいたと『古事記』は記している。「八十神」というのは八〇柱の神がいたことを表わすものではなく、漠然と数が多いことを示す言葉であった。

八十神と大国主神は、因幡国《いなばのくに》に八上比売《やがみひめ》という美しい女神がいるのを知って、彼女を妻に迎えたいと競い合った。そのため八十神と大国主神は因幡に向かったが、途中で毛をむしられて泣いている兎に出会った。先に来た八十神は兎に冷淡な態度をとったが、大国主神はていねいに兎にけがの手当ての方法を教えた。

感謝した兎は、大国主神にこう言った。

「不愛想な八十神では、八上比売に受け入れてもらえますまい。比売は必ずあなたのような優しい方の妻になりたいとおっしゃいます」

このあと兎の言葉の通りに、八上比売は大国主神を選ぶことになった。

この話は、古代の日本にみられた「まれ人の来訪」の伝説の一つである。『古事記』は稲羽の素兎《しろうさぎ》は「兎神」であったと記している。

可哀そうな姿で訪れた兎神に親切にした者が、良い報いを受けたというのである。だからこのように解釈することもできる。

「大国主神は兎神の不思議な霊力のおかげで、八上比売に選ばれることになった」

しかし『古事記』の記述は、兎が自分の思ったままの事を述べたことを表わすとも考えられる。兎は、

「大国主神は優しい素晴らしい方だから、不愛想な兄神たちより良い評価を受けるに違いない」

と感じたのであろう。多分、後者の見方がより妥当であろう。

兎は大国主神に、こう語ったとある。毛をむしられた理由について、

「私は隠岐島にいましたが、本土に渡りたいので鰐《わに》（サメの姿をした海の神）たちをだまして、かれらを並ばせてその背中を渡ってここに辿り着きました。しかしだまされたことを知った鰐たちが私の毛をむしりました」

鳥取市の白兎《はくと》海岸に、稲羽の白兎が大国主神と出会った気多《けた》の岬だと伝えられるところがあ

る。その近くには、「淤岐ノ島《おき》」と呼ばれる、岩から成る小さな島がある。その島の岩肌の上に鳥居が立っている。

しかし白兎は、そこではなく海の彼方の隠岐島から白兎海岸に渡ってきたとすべきであろう。草木の生えていない淤岐ノ島では、野生のウサギは生活できない。

隠岐島は、出雲の人からみて身近なものだった。古くから山陰地方と海の彼方の隠岐島との間の交易が行なわれてきたからだ。隠岐島は縄文時代から石器の材料となる黒曜石《こくようせき》の産地として知られていた。

隠岐島とみられる黒曜石製の石器が、縄文時代以後の山陰地方の広い範囲の遺跡で出土している。この石器の交易の道が、稲羽の白兎の話を生んだのかもしれない。

古代の船を用いて隠岐に渡るのは容易ではなかった。かつて隠岐島で石器を入手して帰る途中に嵐などにあって、命からがら白兎海岸に漂着した者がいたのかもしれない。

そのとき白兎海岸のあたりの住民が、漂着した航海民の人々を厚くもてなして故郷に帰る手助けをした。稲羽の白兎の神話は、案外このような経験をもとにつくられたのかもしれない。

南方に賢い小動物が、サメ、大型のカメなどをだまして海や川を渡る話がいくつかある。それをもとに漂流民を助けた話が、兎が悪知恵を用いて隠岐から来る神話に脚色をしたのであろうか。

八十神の迫害

八十神たちは、悔しくてならなかった。八上比売が日頃から見下していた大国主神を選んだためである。

ふだんは温厚な神々であったが、自分の面子《メンツ》をつぶされたために冷静でいられなくなったのであろう。日頃は思い思いの振る舞いをしている大国主神の兄たちが、団結して弟に敵対した。

私は、このように解釈している。

このあたりの話は、群衆心理で弱い者いじめをする人間の弱さを上手く描いている。落ち着いて考えれば八十神は、「大国主神を殺しても八上比売は自分の妻になってくれない」と理解したはずである。

だから『古事記』のもとになった民話は、人々にこのように教えるものだったかもしれない。

「群衆心理に流されそうになったときは、冷静に物事を考えなさい」

八十神は相談して一つの策を考え出した。伯耆国《ほうきのくに》の「手間《てま》の山本《やまもと》」に着いたときに、大国主神にこう命じた。

「この山にいる赤い猪を上から追い落とすから、お前は下で猪を捕らえよ」

こう言い兄神たちは、坂の上から真っ赤になるまで焼いた岩を転がして大国主神のいるところまで転げ落とした。そのため焼けた岩を抱き止めた大国主神は、大火傷をして亡くなった。

この神話の舞台だといわれる赤猪岩《あかいいわ》神社が、米子駅の南方七キロメートルほどのところにある。そこから少し西方に行けば出雲に入る。『古事記』の話は八十神たちが、出雲に着く直前に大国主神を殺そうとしたと語るものであろう。

大国主神が亡くなったと聞いたかれの母神の刺国若比売《さしくにわかひめ》は、高天原に昇って神産巣日神に助けを求めたという、このとき神産巣日神は、𧏛貝比売《きさがいひめ》という赤貝の女神と蛤貝比売《うむがいひめ》という蛤《はまぐり》の女神を地上に送った。

彼女たちは黒焦げになった大国主神のもとに行って、赤貝の貝殻を削ったものに蛤の汁を混ぜた薬をつくって大国主神の体に塗った。このおかげで大国主神は生き返ったという。

𧏛貝比売と蛤貝比売は、このあと出雲国に残ってその国つ神になったという。

ここに記したような大国主神の死と再生の神話は、南方に広まる成人式の起源に関する神話をもとに構成されたと考えられている。

メラネシアに、ドクドクという宗教がある。この宗教が行なう男性の成人式のときに、女神トブアレが現われるといわれる。この女神は信者の少年たちを棒で打って殺したのちに、新たな力を与えて再生させると信じられている。

成人になるときに少年時代の体がいったん死に、大人の男性となって再生するという発想が南方に広くみられたのだ。ところが『古事記』の神話の中の大国主神は、いったん死と再生を経験するだけでは満たされなかった。

『古事記』は、八十神の迫害はさらに続いたという。八十神は大国主神が再生したことを知ると、大国主神を山の中に誘い出した。このあとかれらは楔を打ってつくってあった太い木の割れ目に大国主神の体を押し込み、楔を外して大国主神を殺した。

このとき母神が、木の割れ目にはさまれている大国主神を救い出し、あれこれ介抱して再生させた。母神はそのあと大国主神に、木国《きのくに》（紀伊国）にいる大屋毘古神《おおやびこのかみ》をたよっていくように教えた。

大屋毘古神は、伊邪那岐命と伊邪那美命が生んだ家屋の神である。かれは大国主神を気に入って保護したが、八十神は紀伊国まで追いかけてきた。

かれらは弓に矢をつがえて大屋毘古神を狙い、「大国主神を差し出せ」と脅した。

このとき大家毘古神は、こう言って大国主神を逃がした。

「屋敷の近くの巨木の根元にある穴をくぐって、根国に逃げなさい」

前に挙げた蚶貝比売と蛤貝比売は、もとは出雲の島根郡の海岸部で祭られていた神であったと考えられる。古くは彼女たちは神の果てにいる高い権威をもつ「むすひ」の神の娘だとされていたらしい。

生命を育む偉い神の娘が、人々の生活に身近な貝の姿となって訪ねて来たといわれていたのだ。あとで紹介する少名毘古那神《すくなびこなのかみ》も、小さな姿をした神産巣日神《かみむすひのかみ》の子神であった。

根国の試練

大国主神は、死者が住む根国を訪れた。そこを治めていたのが、かつて出雲の指導者を務めていた須佐之男命であった。

かれは出雲国を自分の子神たちに委ねたあと、自分の母神がいる底の底の根国に去ったと考えられる。須佐之男命はそこで、母神に代わって根国の指導者を務めるようになった。

このような前提の上で、大国主神が根国を訪れた意味を考えてみよう。須佐之男命は出雲を去ったあとも、出雲の人々の生活のことをあれこれ気にかけていたろう。

「出雲には私の子孫にあたる神が多くいるが、出雲全体を治める力量をもつ者は見当たらない」

須佐之男命は日頃からこのように考えて悩んでいたのだろう。そういったところに、一目見ただけで誰もが魅了されるすばらしい若い神が現われた。

須佐之男命は娘の須勢理毗売《すせりびめ》と二人で暮らしていたが、大国主神の訪れを知った須勢理毗売は父にこう言った。

「いと麗《うるわ》しき神、来ましぬ」

これに対して須佐之男命は、その者は「葦原色許男命《あしはらしこおのみこと》（神）」、つまり日本で最も魅力のある神だと答えた。

このあと須佐之男命は大国主神に次々に試練を課した。これに対して大国主神は上手に試練を乗り切って、須勢理毗売と結婚した。

この『古事記』の神話は世界に広く分布する英雄求婚神話の形をとるものである。「英雄求婚神話」とは、勇者が他界もしくは他国に行ってそこの王者の娘を得る話である。

この形の話では必ず他界もしくは他国の王者が悪者とされる。この悪い王者は、最初は英雄ができそうもない無理難題を持ちかける。しかし英雄が思いもよらない機知を用いて課題を果たすと、王者は約束を破って英雄をだまし討ちにしようとする。

世界の英雄求婚神話の大半が、勇者が異界の王者を殺して娘を得る話になっている。

根国の試練の神話は南方から伝わった英雄求婚神話をもとにしたものだと思える。しかし日本では、須佐之男命は厳しいがお人好しの神様だとされている。

私は大国主神を「葦原色許男命」と呼んだ時点で、須佐之男命が若い神を気に入っていたと解釈している。かれが娘の婿になって出雲国を立派に治めてくれれば良いと思ったのではあるまいか。

『古事記』のもとになった神話が書かれた時代の日本の社会では、自然な形で母系による継承が行なわれていた。豪族の息子に優れた人物がいれば父から子への継承がなされることもあった。しかし豪族の娘の婿が立派な人物であったときは、誰もがその婿を豪族の後継者と認めた。

豪族が治める一つの集団の利害が最も重んじられていたので、集団を委ねるに足る人物を選んで指導者の後継者にするのが当然とされたのだ。

須佐之男命の試練は、無理難題を言い付ける行為ではなく、相手の力量を試すものであったろう。『古事記』は、須佐之男命がまず大国主神に蛇が出てくる洞窟に泊まらせた。

このとき、父のふるまいを見た須勢理毗売が大国主神を助けるために、「蛇の比礼《ひれ》（長い布）」という呪物を大国主命に渡した。大国主神がその比礼を三度振ると、蛇はおとなしくなったとある。

次に須佐之男神は大国主神をムカデとハチが出る岩屋に泊めたが、大国主神は須勢理毗売に別の比礼を貸してもらって無事に過ごした。

このあと大国主神は野原に誘い込まれて周囲から火をつけられた。このとき、野ネズミの助けによって危機を脱した。ネズミは大国主神が稲羽の素兎のような困っている生き物を助けた優しい神だと知って手助けしたのだろう。

こういった試練を乗り切ったあとで、大国主神は地上に戻って来るのである。

須佐之男命は、大国主神を酷い目に遭わせようと考えてはいなかったのだろう。だからかれは、娘が比礼を貸して大国主神を助けたときに、娘を責めようとしなかったのだ。

大国主神の妻たち

大国主神は、須佐之男命が眠ったところを見計らって、根国の三つの宝物を持って須勢理毗売と共に地上に向かったと『古事記』は記している。

須佐之男命は大国主神のあとを追ったが、かれがすでに根国の出口である黄泉比良坂を登り切っていることを知った。そこで大声で、坂の下から大国主神にこう告げた。

「お前の持っている生太刀《いくたち》、生弓矢《いくゆみや》で出雲を平定して、出雲の国を良く治めよ。そうすればお前を、娘の須勢理毗売の夫と認めてやろう」

根国の宝物の中の生太刀、生弓矢は、相手の命を奪わずに戦いに勝つ力をもった武器であったとみられる。また大国主神が根国で得たもう一つの宝物、天《あめ》の詔琴《のりごと》は天の偉い神々を招いてその教えを受けるときに用いる呪物であった。

この話から大国主神は、根国から戻ったあとで相手を殺さずに出雲の神々を従え、偉い神々の導きに従って立派に出雲の地を治めたと考えて良い。後で説明するように、大国主神を導いた偉い神々とは、神産巣日神と神産巣日神に従った常世国の神々だとみられる。

松江市の東部にある東出雲《ひがしいずも》町には黄泉比良坂だと伝えられる伊賦夜坂《いふやざか》が実在している。そこには伊弉冉尊（伊邪那岐命）を祭る揖夜《いや》神社がある。

古代の出雲の人々は、亡くなった人間の霊魂は伊賦夜坂《いふやざか》を降って根国に行くと信じていたのであろう。それと共にかれらは、死者の霊魂は伊邪那岐命が置いた大岩に遮られて勝手に坂を登って地上に来られないと考えた。

このような出雲独自の死生観を踏まえて、須佐之男命が黄泉比良坂の下で大国主神を追うのを止める神話がつくられたのだ。

『古事記』には、大国主神は須佐之男命の試練を乗り切って地上に戻ったあと、多くの妻を迎えたと記されている。『古事記』のもとになった神話は、一夫多妻がとられた時代に書かれたものであった。

その時代の社会では、良く働いて何人もの妻の面倒をみる男性が尊敬されていた。子供はみんなの宝物だから誰もが神道の産霊の教えに従って「多くの子孫を育てて自分が住む集落を繁栄させたい」と考えたのだ。

大国主神は出雲を平定したあと、八上比売を因幡から出雲に迎えた。しかし出雲には須勢理毗売という強い女神がいたので、八上比売は木俣神《きまたのかみ》という子神を大国主神のもとに残して故郷に帰った。

このあと大国主神は、越《こし》（北陸地方）に行って、沼河比売《ぬなかわひめ》に求婚した。このときかれは次の句で始まる長い和歌を詠みかけたという。

出雲の地には、古くから大国主神とさまざまな女神との間の和歌の贈答を中心とする物語が語り伝えられていた。『古事記』はそのようなものの一つを取り込む形で大国主神と沼河比売との恋の物語を記したのだ。

「八千戈《やちほこ》の神の命《みこと》は、八島国《やしまくに》妻婚《つまま》きかねて、遠々《とおとお》し高志《こし》の国に、賢《さか》し女《め》を在《あ》りと聞かして麗《くわ》し女《め》を在《あ》りと聞こして（大国主神が日本中妻を探しまわり、ようやく遠い越の国で賢く麗《うるわ》しい娘と出会った）」

比売は大国主神を気に入り、二柱の神は仲の良い夫婦になったという。

このとき男女の神の間で交わされたとされる長文の和歌が『古事記』に引用されている。それは古くから祭祀に用いられてきた『神語歌《かんがたりうた》』だとされている。

沼河比売は古代に沼川郷《ぬなかわごう》（現在の新潟県糸魚川市《いといがわ》）で祭られた女神で、そこには奴奈川《ぬなかわ》神社がある。沼川郷は姫川流域の地で、

大国主神の妻と子神

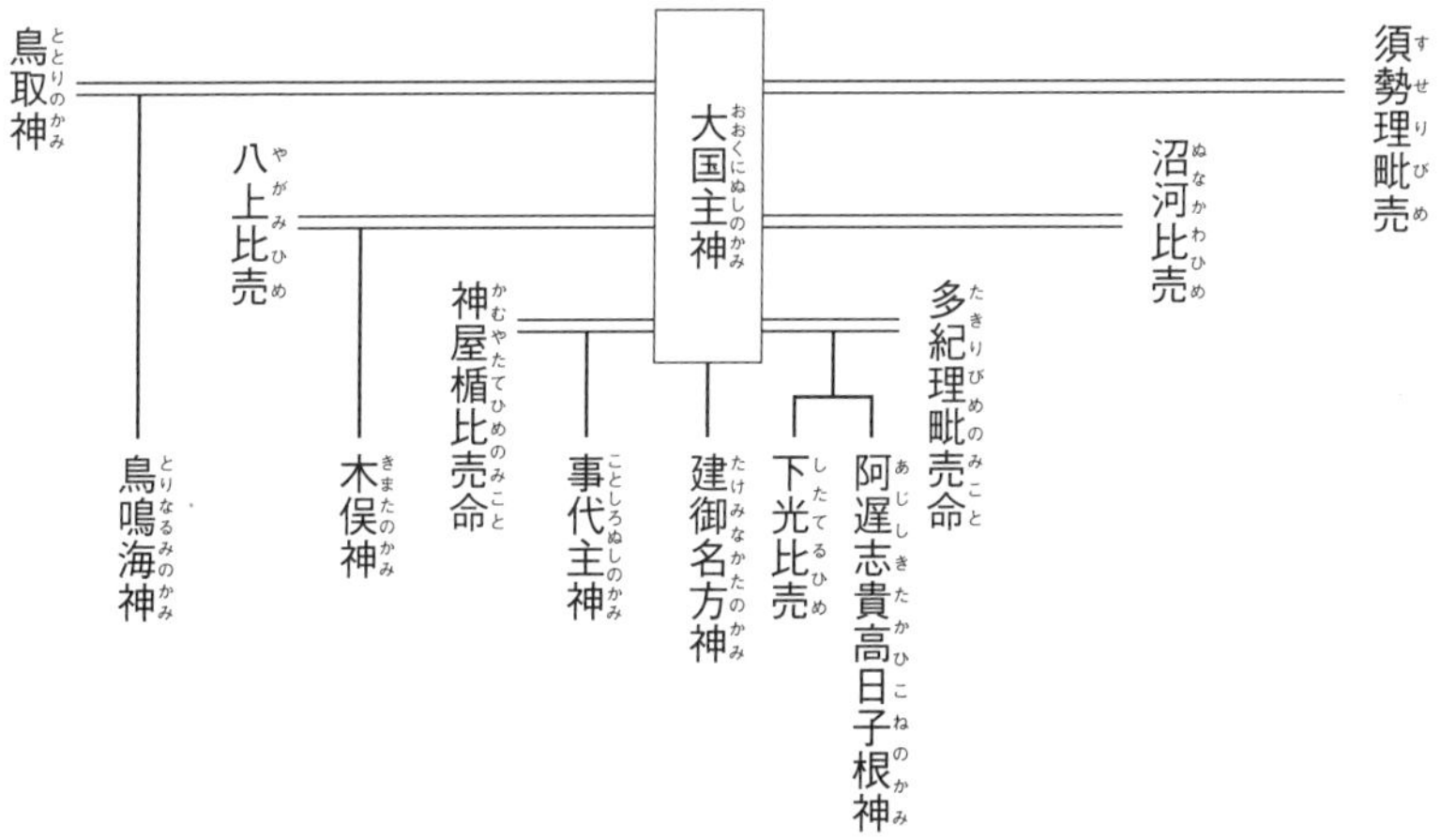

沼川郷のあたりの川原や川底ではヒスイが採れた。

姫川のヒスイは縄文時代から、祭祀に欠かせない勾玉の材料として重んじられてきた。出雲の人々は、日本海航路を用いて、出雲の特産品と沼川郷のヒスイとの交易を行なってきたと考えて良い。

このようなヒスイ交易を踏まえて、大国主神と沼河比売が夫婦であったとする神語歌がつくられたのであろう。

沼河比売は出雲では、大国主神の妻の中で須勢理毗売に次ぐ地位を与えられていた。あとに出てくる諏訪大社の祭神である建御名方神《たけみなかたのかみ》という有力な神の母神は、沼河比売とされている。

『古事記』は沼河比売との和歌の贈答の話のあとに、『神語歌』を引用した大国主神が大和に行こうとした話を記している。妻があまりにも嫉妬深いので大国主神が、出雲から去ろうとしたというのである。

かれは、別れの和歌を妻に詠みかけた。これに対して須勢理毗売は、次の句に始まる夫を引き止めるために大国主神をほめ称えた和歌を返したという。

「八千戈の神の命や　吾《あ》が大国主神《おおくにぬし》　汝《な》こそは男《お》に坐《いま》せば　(戦《いくさ》上手の神よ、立派な国の主《あるじ》よ、あなただけが我が夫《おっと》です)」

須勢理毗売は長い和歌を、「豊御酒《とよみき》献《たてまつ》らせ　(この酒を召し上がれ)」の句で結んだ。これを聞いて大国主神は、妻が捧げた盃を受けて大和に行くのを思い留まったという。

『古事記』は、この和歌の贈答の話のあと、須勢理毗売、沼河比売、八上比売のほかに、次の三柱の女神が大国主神の妻であったと記している。

それは、宗像大社の多紀理毗売命《たきりびめのみこと》、建物の神である神屋楯比売命《かみやたてひめのみこと》、鳥を捕る職業の人々が信仰する鳥取神《ととりのかみ》の三柱になる。

少名毗古那神

大国主神は、少名毗古那神という小さい神と力を合わせて国作りをしたと伝えられている。ここの「国作り」とは、何も無いところから国土をつくり上げることではなく、良い政治を行なって人々の生活を安定させる行為を表わす言葉である。

「力のある大きな大国主神は、知恵をもつ小さな少名毗古那神の助けを得て、国作りを成し遂げる」

このような考えから、土地の守り神である大国主神（大己貴命《おおなむちのみこと》）を祭る神社の多くで、少名毗古那神（少彦名命）が合祀されている。『古事記』は大国主神と少名毗古那神との出会いについて、次のように記している。

大国主神が多くのお供の神を連れて御大《みほ》（美保）岬に行かれたとき、海の彼方からガガイモという草の種子を包んでいた、小さなさやの船に乗った背の低い神がやってきた。大国主神がその神に名前を尋ねたが、小さな神は答えなかった。

そのため大国主神は、ガマガエルや久延毘古《くえびこ》という案山子《かかし》の神の知恵を借りて、ようやくその神が神産巣日神の子神であることを知った。

大国主神が神産巣日神にお伺いしたところ、神産巣日神は、「この神は私の指の間から落ちた神である」

と答えた。そして息子には、こう言った。

「汝《いまし》、葦原色許男命《あしはらしこおのみこと》と兄弟《あにおとうと》となりて、その国をつくり堅《かた》めよ」

『古事記』はこのように少名毗古那神を天から落ちた神だとして、高天原の神産巣日神が出雲の国作りを助けたと記している。ところが神話の研究者の多くはこの神産巣日神は、もとは高天原の神ではなくて出雲で古くから祭られてきた神であったとする考えをとっている。

出雲の人々は、二世紀半ば頃から出雲全体を守る国魂の神としての大国主神の祭祀を行なってきた。ところがそのような国魂信仰では大国主神が最上位の神とされたわけではない。

古代の日本人は、こう考えていた。

「人々を治める神は、上位の神の教えによって行動する」

そして出雲では、大国主神を導く神が海の果てにいる「産霊」の神だとされたのだ。あらゆる生命を生み出すのは産霊の神で、大国主神は生き物をつくり出す力を持たないとされたのだ。

大国主神は人々の生活を安定させて、人々が子孫を繁栄させるのを手助けする神とされたのだ。そして海の果てにいる産霊の神は、海から大国主神を助ける神々を送り込んでくるといわれた。

少名毗古那神も、前に挙げた𧏛貝比売、蛤貝比売という貝の女神も、海の果てから海岸を訪れてきた神であった。のちに出雲の産霊の神が、天照大御神と縁の深い高御産巣日神と一対の神とされて、神産巣日神と呼ばれるようになったとみられる。

『日本書紀』の異伝の中に、少彦名命《すくなひこなのみこと》（少名毗古那神）を高皇産霊尊《たかみむすひのみこと》（高御産巣日神《たかみむすひのかみ》）の子神とするものがある。これは朝廷の神話の編集の中で、出雲の産霊の神を高皇産霊尊と同一のものとした。『旧辞』に従って書かれたものであろう。

少名毗古那神の来訪の神話を、前に挙げた「まれ人の来訪」の話の一つとみる説もある。大国主神が小さな神を侮らずに、自分と対等の相手に接するときの礼儀を守ってかれに接した。だから小さな神は、大国主神の兄弟となってあれこれ知恵を貸してくれたというのである。

これとは別に、小さな神を稲魂《いなだま》にあたる神とする考えもある。稲魂は穀物を育てる穀霊《こくれい》の一つで、稲の生育を見守る神になる。

稲魂は稲の種を播くときに農地にやって来るといわれた。そして秋に稲を収穫したあと、稲魂は種籾《たねもみ》と共に稲倉の中で春まで眠るとされた。

大きな体の大国主神は、土地を守る神で人々が水田をひらいてそこに水を引くのを見守る。そして小さな少名毗古那神は、水田に播いた作物を大きく成長させる神だとされたのだ。だから荒れ地を開拓して農地をつくる神は力持ちの体の大きい神で、稲の種籾に宿る神は小さな体の神だとされたのだ。

知恵のある少名毘古那神は、医薬の神、酒造の神としても信仰された。さまざまな薬草を処方したり、麹を上手く用いるためには高度な知識が必要だったからだ。

古代には温泉の湯治も、医療行為の一部とされていた。そのため少名毘古那神は、温泉の神ともされた。古代の伝説を集めた、『伊予国風土記《ふどき》』の中に、仮死状態になっていた宿奈毘古《すくなひこ》奈《な》（少名毘古那神）が温泉に入って生き返った話が記されている。

のちに粟島《あわしま》（淡島）神社から、少名毘古那神を婦人病の神とする信仰が広まった。これに、その神が医薬の神とされたことからくるものである。婦人病の神とされたことをきっかけに粟島神社は女性の守り神となり、縁結びや安産、女児の生長を見守る神としても信仰されるようになった。

『古事記』は、少名毘古那神が粟の茎に乗って遊んでいるときに、粟の茎に弾かれて海の果ての常世国に去っていったと記している。常世国は神々が住む世界で、かつて神産巣日神はその常世国を治める神として信仰されていたとみられる。

大国主神が、少名毘古那神がいなくなったことを悲しんでいるとき、海を照らして出雲にやって来る神がいた。その神は三輪山《みわやま》の大物主神《おおものぬしのかみ》だと名乗り、「私を祭れば、あなたと共に国を治めよう」と言った。この神は、大神《おおみわ》神社の祭神である。

大国主神ゆかりの神社

出雲で発生した大国主神の信仰は、日本の各地に広まった。豪族たちが大国主神と同じ神に大己貴命、大国主命、八千戈神《やちほこのかみ》、大物主神、大国魂神《おおくにたまのかみ》などのさまざまな名前を付けて、土地の守り神である国魂の神として祭ったのだ。

大国主命（神）の信仰の中心となる神社が、出雲大社である。そこはもとは出雲一国を守る国魂の神の祭祀の場であったが、現在は出雲大社は日本全体の守り神と考えられている。

そのため出雲大社は、伊勢神宮と並んで日本で最も格の高い神社とされている。神道を信仰する者は、折にふれて伊勢神宮と出雲大社に参拝する。

日本の各地に、一国単位に勢力をふるった古代豪族の氏神の流れを引く神社がある。東京都府中《ふちゅう》市の大國魂《おおくにたま》神社や京都府亀岡《かめおか》市の出雲大神宮はその代表的なものである。

これとは別に、出雲大社が中世以後に独自に布教して各地にひらいた出雲大社の分社でも大国主神が祭られている。

少名毗古那神は、古くから大国主神と対をなす神々として人々に愛されてきた。そのため大国主神を主祭神とする神社の中に、少名毗古那神を合祀したものがかなりみられる。

また、淡（粟）嶋神社のように、少名毗古那神を主祭神とする神社もある。このほかに温泉地に、温泉の神として少名毗古那神を祭る神社がみられる例もある。

◉出雲《いずも》大社（島根県出雲市）

祭神……大国主大神

『古事記』には、大国主神が国譲りのときに高天原の使者に「私を祭る立派な神社を建てて下さい」と求めたと記されている。これによって出雲大社がつくられたと伝えられる。

出雲の豪族たちは二世紀半ばに、荒神谷（島根県雲南市）という聖地に集まって大国主神の祭祀を行なっていたとみられる。そして四世紀半ば頃に、その祭祀の場が現在の出雲大社がある杵築《きづき》の地に移されたと推測できる。

これは、出雲氏が大国主神の祭祀を主導するようになったことによるものらしい。大国主神の祭祀は神聖な地の野外でなされたとみられるが、七世紀末に天皇の命令で豪族たちの祭祀の場に神社の社殿が建てられた。

このとき出雲大社では、高さ九六メートルの壮大な社殿がつくられた。この社殿の柱とみられる太い柱が、出雲大社の境内で発掘されている。

◉大神《おおみわ》神社（奈良県桜井市）

祭神……大物主大神

大国主神が、かれを守り導く幸魂奇魂《さきみたまくしみたま》の神である大物主神を三輪山に祭ったのが、この神社の起こりだと『古事記』にある。また第一〇崇神天皇が、この神を大王の守り神としてあつく祭るように言ったとも記されている。その伝承はこの神社が古くは、王家の祖先神を祭るものだったことをもとにつくられたとも考えられる。王家はかつて豪族と同じ国魂の神を大物主神と名付けて祭っていたが、六世紀はじめに国魂の神より格上の天照大御神を祖先神としたのであろう。

大神神社は、神社の背後にある三輪山《みわやま》に集まる精霊を祭ったところであった。その名残で、この神社には御神体を納める社殿がない。参拝者は、拝殿から三輪山を拝むことになっている。

◉大國魂神社《おおくにたまじんじゃ》（東京都府中市）

祭神……大國魂大神

かつて武蔵一国を治めた武蔵国造《むさしのくにのみやつこ》が祭った、武蔵一国を守る国魂の神のための神社であった。社伝には、第一二代景行天皇のときに当社をひらいたとある。国造の勢力が衰退したあと、この神社は武蔵の国府の守り神として重んじられた。

◉金刀比羅宮《ことひらぐう》（香川県琴平町《ことひら》）

祭神……大物主命

その山の形が象の頭に似ているため、「象頭山」の通称で呼ばれる琴平山。古代において祖霊の集う山とみなされていたと共に、瀬戸内海での船舶運行において、航海を守護する神の山とされた。
密教が広がったあと、航海民によって象頭山の神は仏に仕えるクンピーラ神だとされた。その神は、ガンジス川のワニを神格化した水の神である。これによって大物主神とクンピーラ神が神仏習合した金毘羅《こんぴら》神が、海上安全や商売繁盛の神として信仰されるようになった。

◉赤猪岩《あかいいわ》神社（鳥取県南部町）

祭神……大国主命、刺国若比売命、素戔嗚尊

大国主命が八十神の迫害を受けて、赤く焼いた岩を抱き止めて亡くなった地といわれる。

◉淡嶋《あわしま》神社（和歌山市）

祭神……少彦名命、大己貴命（大国主神）、息長足姫命《おきながたらしひめのみこと》（神功皇后）

神功皇后が三韓の遠征の帰りに暴風にあって難破し、少彦名命の助けによって友ヶ島《ともがしま》（神島）（和歌山市）の海岸に辿り着いたという伝説がある。このとき神功皇后は神の助けに感謝して友ヶ島に少彦名命を祭る神社を建てた。
社伝には仁徳天皇が、友ヶ島に狩りにいったときに、神功皇后が崇拝した神社が島にあるのは不便なので、対岸の加太《かだ》（和歌山市）に遷したとある。

◉少彦名《すくなひこな》神社（大阪市）

祭神……少彦名命、神農炎帝《しんのうえんてい》

豊臣時代から薬種業者が取引の場所として集まっていた大阪の道修町。江戸時代には幕府により、道修町の薬種屋一二四軒を株仲間とし、全国で販売できる権利が与えられた。そこで安永九年（一七八〇）、職務が正しく遂行できるよう、大国主神の国作りに協力した少彦名命と、中国医薬の祖神である神農炎帝を共に祭ったのを始まりとする。以来、医薬の神として広く信仰された。

◉湯泉《とうせん》神社（兵庫県神戸市）

祭神……大己貴命、少彦名命、熊野久須美命《くまのくすみのみこと》

古代からの有馬温泉の守り神として信仰されてきた神社。

◉白兎《はくと》神社（鳥取市）

祭神……白兎神《はくとじん》

大国主神が救った兎神を祭る神社。素兎が体を洗ったあと乾かした山だと伝えられる身干山《みほしやま》という丘につくられた。

◉奴奈川《ぬなかわ》神社（新潟県糸魚川市）

祭神……奴奈川比売命（沼河比売）、八千矛命、大日霊尊《おおひるめのみこと》（天照大御神）

市入命《いちいりのみこと》が越後国造になったときに、越後の地の守り神としてこの神社を起こしたと伝えられる。

古代史コラム

日本神話のルーツとは

今日につらなる日本独自の文化は、縄文文化の上につくられている。この縄文文化は紀元前一万四〇〇〇年頃から紀元前一〇〇〇年頃にいたる、約一万三〇〇〇年というきわめて長い期間をかけて日本列島の中で発展したものだ。

これによって人間の生命や個性を重んじ、自然物を大切にする日本人独自の縄文的思考がつくられた。それは争いを避けて、明るく前向きに生きる日本的発想をつくり出した。

このような縄文文化が確立した縄文時代の終わり頃から、日本列島のまわりの海上交通路の発展が始まった。これによってアジア各地の特産品や文化が日本に持ち込まれるようになった。

『古事記』の成立以前に、日本に文化を伝えた道筋として、三つのものが考えられる。一つはオセアニア、インドネシア、フィリピンから沖縄を経て日本にいたる南方からの道である。

そして二つ目が、江南《こうなん》と呼ばれる中国の長江下流域から九州にいたる道になる。さらに三つ目として、中央アジアの草原地帯から中国東北地方を経由して朝鮮半島から日本に来る道がある。

日本の神話には、南方系の神話といわれる

ものが多い。それは太平洋に浮かぶ島々に生活していた人々の発想にたつ神話である。

南方の島に住む者は、人々が生活する陸地のまわりに、広い海があり、海の彼方は未知の世界だとする世界観をもっていた。さらに海の果てまで行けば、そこから空に昇っていけるのではないかともされたのだ。

このような発想の上に、人々の知らない海の向こうから神々が訪れる物語がつくられた。少名毗古那神の来臨の話や、山佐知毗古《やまさちひこ》が海神の宮殿を訪れる物語は、典型的な南方系の神話である。また父なる神と母なる神が島々を生んでいく国生みの神話も、南方から伝わった話をもとに構成されたとみて良い。

このような南方系神話は、古い時代に南方の航海民から伝えられたものと、いったん江南に入ったのちに日本にもたらされたものに分かれる。

古代の江南は、南方の国々の交易の中心地として栄えていた。そして紀元前一世紀には、江南の有力な航海民がまとまって日本に移住して銅鏡を用いる祭祀などを伝えている。

北方系の神話は、神々が天から降りてくる形をとっている。そのような発想は、モンゴルなどの開けた草原地帯で生活する人々がつくったものだとみられる。

騎馬民族と呼ばれる草原地帯の遊牧民の文化は、五世紀末から日本に入ってきた。渡来人と呼ばれる朝鮮半島からの移住者がそれを伝えたのだ。

高天原を神々の世界とする話や、邇邇芸命の天孫降臨の話などが北方系の神話になる。

第二章

皇室の起源神話

5 邇邇芸命と天孫降臨

大国主神の国譲り

『古事記』は少名毗古那神《すくなびこなのかみ》が海の果てに去ったあと、大国主神《おおくにぬしのかみ》は大物主神《おおものぬしのかみ》の教えに従って国を良く治めたと記している。『日本書紀』の一書の中に、大物主神を大国主神の「幸魂《さちみたま》　奇魂《くしみたま》」と記すものもある。

これは大物主神を、「大国主神に幸福や思いがけない奇蹟を授ける守り神」としたものだ。五世紀頃まで出雲氏は出雲の国魂の神である大国主神を祭り、大王の守り神である大物主神を出雲の国魂の神の上位において大和朝廷に従った。

しかしそれでは王家の守り神は、同じ国魂信仰にたつ豪族たちの氏神と同列におかれてしまう。そのため継体天皇は六世紀はじめに、国魂の神々を統べる王家の祖先神としての天照大御《あまてらすおおみ》神《かみ》の祭祀を始めた。

国譲りの神話は、このような背景の中でつくられたものであった。

王家が出雲神話の世界を認めると、大和朝廷は、国魂の神を祭って各地を治める豪族の対等な連合になってしまう。そのために、国魂の神を代表する大国主神が天照大御神に従ったことを示す神話がつくられた。

『古事記』の国譲りの物語は、天照大御神が息子の天之忍穂耳命《あめのおしほみみのみこと》に地上に降って日本を治めるように命じるところから始まっている。

ところが天之忍穂耳命が地上に降るための天《あめ》の浮橋《うきはし》のところから見ると日本の国は、このような情況だった。

「いたくさやぎて有りなり（大そう騒がしいありさまだった）」

大国主神や、国魂として人々を治める国神たちの政治が悪かったわけではない。かれらが一つの地域を単位として思い思いの政治を行なっているありさまが「騒がしく」感じられたのだろう。

「日本全体を治める君主の命令のもとに、地方豪族が秩序に従った政治をする形が望ましい」

このような考えにたって、天照大御神の子神が日本の君主を務める皇室の祖先として地上に送り込まれることになったのである。

天照大御神は、優れた神の知恵を借りたいと考えて、造化《ぞうか》三神の中の高御産巣日神《たかみむすびのかみ》に声をかけた。そして高御産巣日神と共に、高天原の神々を天の安河の河原に集めて会議を開いたと『古事記』は記している。

これは、大事は独断せずに、多くの者の知恵を集めて決めるべきものだとする日本的な発想にたつものである。

天照大御神は、思金神《おもいかねのかみ》にこう尋ねた。「地上の神々を従がわせるためには、誰を派遣すれば良いか」

すると思金神は、天菩比神《あめのほひのかみ》（天之菩卑能命《あめのほひのみこと》）を推薦したという。

天菩比神と天若日子

国譲りの神話は、四度にわたって高天原から出雲の大国主神のもとに使者が送られたと記す形をとっている。最初の使者を務めたのが、天菩比神である。

この神は、出雲氏の祖先神で、天照大御神と須佐之男命《すさのおのみこと》の誓約のときに生まれた五柱の男性の神の中で、二番目に生まれた神である。つまり天之菩卑能命は、皇室の祖先にあたる天之忍穂耳命のすぐ下の弟とされていたのである。

『日本書紀』は、天之菩卑能命の名前を「天穂日命《あめのほひのみこと》」と表記している。この表記から、その神は天之忍穂耳命と一対の神として構想された神であると考えられる。

天之忍穂耳命の神の名は「天の大きな稲穂の魂（耳）」の神を表わし、天穂日命の名前は「天の稲穂の太陽の子神」を意味している。このように二柱の神は共に、「天から降った稲魂の神」という意味を表わす名称をもつ神であった。そして兄にあたる天之忍穂耳命には「忍（大きい）」という敬称が添えられたのである。

天孫降臨神話の原型がつくられて間もない六世紀はじめ頃に、出雲氏の手でこのような神話が創作されたのではあるまいか。

「天照大御神には二柱の子神があり、その中の兄神は王家の祖先になり、弟神は出雲に降って出雲氏の祖先になった」

『出雲国風土記』に、天乃夫比命《あめのほひのみこと》（天菩比神）が意宇《おう》郡屋代《やしろ》郷（島根県安来《やすぎ》市）に天降ったとする伝説が記されている。屋代郷は出雲氏の勢力圏であったから、天乃夫比命が屋代郷に降って出雲氏の祖先となったとする伝えは、出雲氏の系譜が王家の系譜に結び付けられるはるか前からあったのであろう。

六世紀半ばに中臣氏が誓約の話を整えたときに、天照大御神の子神の数を縁起の良い五柱としたとみるのが良い。

ところで『古事記』は、このように記している。

「出雲に赴いた天菩比神は、大国主神に媚びへつらって過ごし、三年たっても高天原に何の連絡もしなかった」

このような国譲りの物語は、中臣氏が六世紀半ば頃に誓約、天の岩屋と一続きの話としてまとめたものだと考えられている。しかし天菩比神の派遣の部分は、中臣氏主導でつくられた国譲りの神話の中で全く不要なものになっている。

『古事記』の神話は、建御雷神《たけみかづちのかみ》が大国主神を従える形をとるものである。その話は建御雷神の派遣の前に天若日子《あめのわかひこ》の失敗の話をおいて、建御雷神の功績を強調する手法を用いている。

結論を先に言えば、このようになる。

「出雲氏は、古い時代から独自の出雲平定の話を伝えていた。しかし中臣氏が六世紀半ばに新たに、自分たちが祭る建御雷神が出雲を平定する話を創作して、そこに強引に天菩比神を組み入れた」

出雲氏が伝えた、『出雲国造神賀詞《いずものくにのみやつこのかむよごと》』という祝詞《のりと》がある。出雲氏は奈良時代から平安時代はじめにかけて全国の国造を代表する立場で天皇の前でその祝詞を奏上する儀式を行なってきた。それは天皇が、すべての国造を代表して、神々を祭る日本でただ一人の君主であることを確認する行事であった。

この『出雲国造神賀詞』に、次のような記述がある。

「天穂日命は、地上に多くの荒ぶる神がいるのを見て、自分の子神の天夷鳥命《あめのひなどりのみこと》に経津主命《ふつぬしのみこと》（ここでは剣の神）をそえて地上に送った。かれらは神々を祓《はら》いむけ、大国主命も媚びしづめた」

出雲氏の祖先神が悪神に祓いをさせて皇祖神に従わせ、最も有力な大国主命に対しても上手に話し合って皇祖神に従えたというのである。

二世紀半ばに神門氏とその同族の出雲氏が荒神谷の祭祀を行なっていたときには大国主命は出雲の豪族の共通の祖先神とされていたと考えて良い。そして出雲氏が四世紀はじめに大和朝廷に従い、四世紀半ばに出雲国の統治を委ねられた。

このときに出雲氏は、大和から来た天菩比神を新たな祖先神としたのではあるまいか。このあと出雲の有力な豪族が次々に出雲氏に接近し、天菩比神の子孫と称した。このような流れの中で、天菩比神の子神の天夷鳥命が大国主神を媚び鎮めたという神話がつくられたのだ。

『古事記』は、天菩比神から返事がないので天照大御神と高御産巣日命が天若日子に天之麻迦古弓《あめのまかこゆみ》と天之波々矢《あめのははや》という宝器を与えて、地上に送ったと記している。しかしかれは大国主神の娘を妻に迎え、八年間も高天原に戻って来なかったという。

そこで天照大御神たちは、鳴女《なきめ》という雉の神に様子を見にいかせた。ところが天若日子は、弓矢を取って鳴女を射殺してしまった。このとき天之波々矢は、雉の体を貫いて、高

国譲りの使者たち

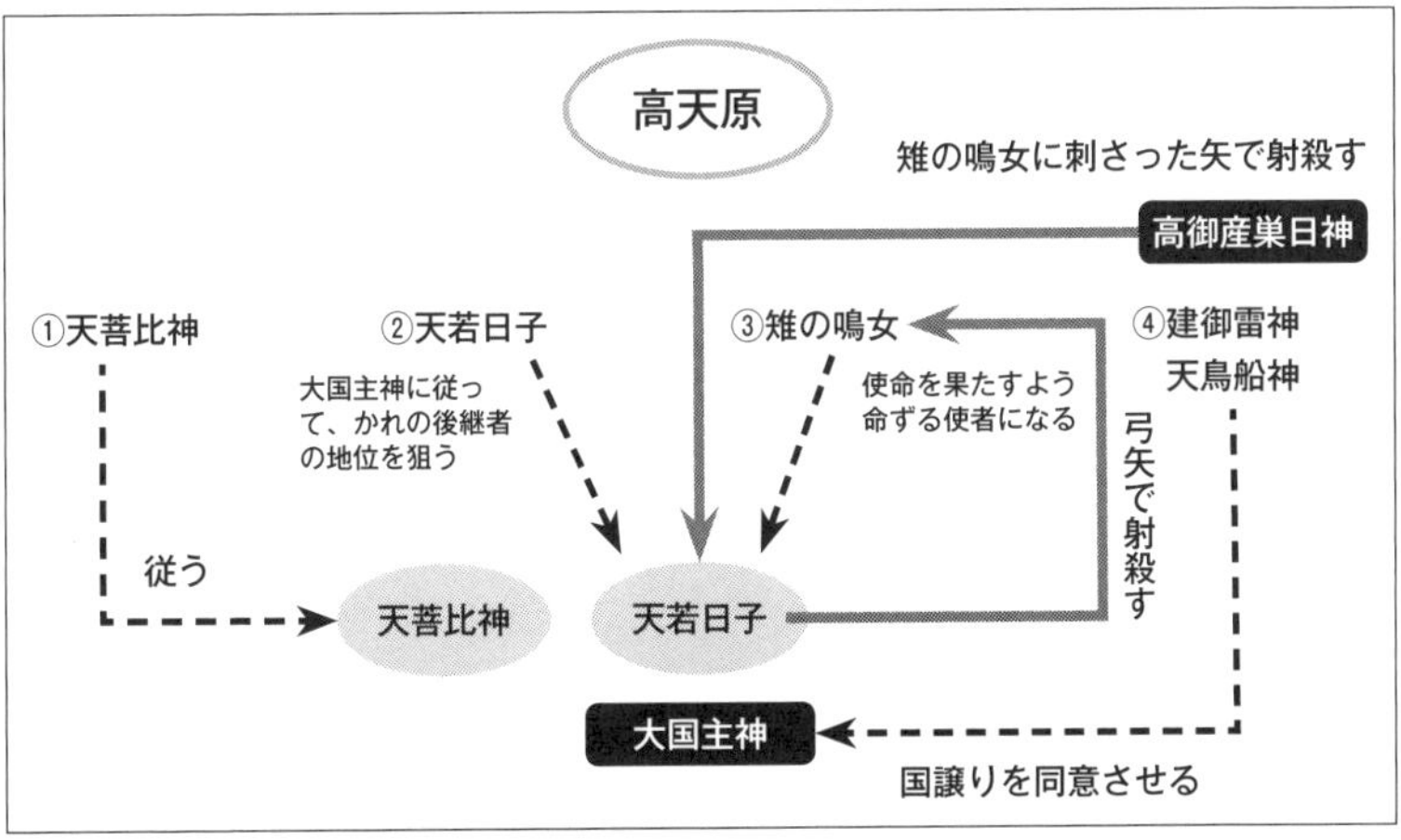

天原まで飛んでいった。

高御産巣日神は、血の付いた天之波々矢を見て、その矢を雲の穴から地上に投げ返した。

「天若日子が悪い心を抱いているなら、天若日子に当たれ」

こう言って投げた矢は、天若日子の胸を貫いたとある。

この天若日子の話は、国内に広く伝わっていた稲魂の死と再生の神話の稲魂の死の部分だけを取り入れてつくられた。

天若日子とは、「天我食日子《あめわかひこ》」つまり「天から来た私たちの食物をつくる太陽の子神」であった。稲魂の作物を育てる稲魂の神が秋に何らかの過ちを犯して亡くなるが、春先に人々が祭りを行なったことによって再生する話が広まっていたのだ。

建御雷神と建御名方神の力競べ

天若日子が使命を果たさなかったので、天照大御神は思金神と相談して、高天原で最も勇壮な神を地上に送ることにした。このとき選ばれたのが、雷の神で剣の神でもある建御雷神であった。

『古事記』は建御雷神が、天地を行き来する船を操る天鳥船神《あめのとりふねのかみ》と共に出雲に向かったという。

これに対して『日本書紀』の中に、武甕槌神《たけみかづちのかみ》（建御雷神）が経津主神《ふつぬしのかみ》と共に国譲りの使者となったという記事がみえる。この二柱の神は中臣氏が祭った神である。だから中臣氏の子孫にあたる藤原氏の氏神としてつくられた春日大社《かすが》（奈良市）では、武甕槌命（神）、経津主命（神）、天児屋根命《あめのこやねのみこと》、比売神《ひめがみ》の四座の祭神が祭られている。

『古事記』は、建御雷神と天鳥船神が、現在の出雲大社の近くの伊邪佐《いざさ》の浜（稲佐《いなさ》の浜）に降り立ったという。かれらは長い剣を先端を上にして砂浜に突き立てて、剣の切っ先の上にあぐらをかいて自分たちの力を誇示した。

高天原の使者たちは、このあと大国主神を呼び出して天照大御神の子孫に国を譲るように求めた。これに対して大国主神は、「子神の事代主神《ことしろぬしのかみ》の考えを聞いたのちにお返事します」と答えた。このあと事代主神は国譲りの話を承諾して、海の果てに去っていった。

これに続いて大国主神は、「建御名方神《たけみなかたのかみ》の意見も聞いてみますが、それだけにしましょう」と言った。そこに、建御名方神がやって来た。建御名方神は、大きな岩を持ち上げて自分の力を誇った。かれはそのあと高天原の使者に対する怒りを露《あら》わにしてこのように言ったと『古事記』は記している。

「俺と力競べをしよう。まずお前の手をとって握りつぶしてやる」

ところが、その手は鋭い剣に変わった。建御名方神が思わず手を離すと、建御雷神は「今度はお前の手を掴んでやる」と言って相手の手を易々と引き抜いた。

建御名方神が一目散に逃げ出すと、建御雷神はどこまでも追っていった。諏訪に来たところ

で、建御名方神は逃げるのを止めて降参した。かれは、

「私は今後この諏訪から出ません。この地上は、天照大御神の御子が思いのままにお治め下さい」

と言った。

建御雷神が出雲に戻ると、大国主神は、国譲りに同意し地上を天孫に委ねることを誓った。しかしそのとき大国主神は、立派な社殿を建てて自分を厚く祭るように求めた。このときこの約束によって、出雲大社の壮大な社殿がつくられることになったというのである。

『古事記』はこのように、中臣氏が祭る勇猛な建御雷神が力を用いて大国主神を従えたと記している。

建御雷神の別名に、建布都神《たけふつのかみ》、豊布都神《とよふつのかみ》という神名がある。神名の中の「ふつ」とは、剣を表わすやまと言葉（古代日本語）である。剣が「ぶつ」という音を立てて物を斬るので、剣が「ふつ」と呼ばれたのだ。剣神の性格をもつ建御雷神が、自分の手を剣に変えて力が強いだけの出雲の神を従わせたというのである。

国譲りの神話はこのような、力によって出雲を従える形をとってはいる。しかし高天原の神々が出雲の神々と戦って多くの犠牲者を出した上で出雲を平定したわけではない。

高天原の神々と戦ってけがをしたのは、出雲から遠く離れた諏訪の一柱の神だけであったというのである。

天照大御神を祖先神とする王家は、天照大御神より格下の神とされた大国主神が平和な形で

自分より偉い神に従ったとする必要があった。

　この点に関する興味深い記述が『遷却祟神祝詞《たたりがみをうつしてたてまつる》』という、古くから用いられた朝廷の祝詞にみえる。そこには、このように記されている。

「神々は『天孫を地上に降らせる前に祓いを行なって、地上にいる荒ぶる神たちを従わせておこう』と考えた。そこで天穂日命が地上に送られ、ついで建三熊《たけみくま》之命（天穂日命の子神で天夷鳥命と同一の神か）が地上に降った。しかしかれらは任務を果たせなかった。そのため天若彦《あめわかひこ》（天稚彦）が行ったが、かれは高津鳥《たかつとり》（鳥が穀物を食い荒らすこと）によって亡くなった。そこで、経津主命、建雷命《たけみいかづちのみこと》（建御雷神）が地上に赴いた。そしてかれらによってようやく神々に祓いをさせて従えることができた」

　この祝詞は、国譲りの神話が『古事記』のような形に整えられる前の神話を踏まえてつくられたものとみられる。出雲では出雲の祖先神が大物主神を従えたとする神話が語り継がれていた。

　しかし、中臣氏の主導で神話の改変が行なわれた。そこでは出雲氏の祖先神は地上の神々を従えることができずに、中臣氏が祭った力のある二柱の剣の神によって地上を平定することができたとするものであった。

　このような神話ができたときに、稲魂の神である天稚彦も、国譲りの使者に加えられたのであろう。天稚彦が穀物を食い荒らす鳥たちに殺されたので剣の神が送られたとされたのである。

天孫の天降り

『古事記』は、大国主命との国譲りの交渉が無事に終わったところで天照大御神が息子の天之忍穂耳命を呼んだと記している。天照大御神が「すみやかに地上に降りなさい」と命じたところ、天之忍穂耳命はこう答えた。

「私の代わりに私の子神を地に行かせたいと存じます」

国譲りの支度をしている間に、邇邇芸命という後嗣ぎの子神が生まれたというのだ。この子神の母は、高御産巣日神の娘の万幡豊秋津師比売命《よろずはたとよあきつしひめのみこと》であった。

つまり天照大御神の子神と高御産巣日神の子神が夫婦になって、その間に生まれた子神が皇室の祖先として地上に降ったことになるのだ。この意味で高御産巣日神は皇祖の、天照大御神とならぶ重要な神だということになるが、その神の性格はきわめて複雑である。

これまでに、「高御産巣日神とはいかなる神か」という問いに関してさまざまな説が出されてきた。

『古事記』の神話は、高御産巣日神が天照大御神と並んで国譲りの交渉を主導する形をとっている。しかし『日本書紀』の異伝の中には、高皇産霊尊の指導のもとに国譲りがなされたと記すものもある。

　高御産巣日神が造化三神の中の一柱とされることからみて、古くはその神が天照大御神より格の高い神であったことは確かである。

　高御産巣日神を、豪族たちが氏神として祭る国魂の神の上におかれた農耕の守護神だとする説もある。つまりその神は作物を育てる産霊の神とすべきだというのだ。だから首長（豪族）のはたらきを神格化した大国主神のような国魂の神が農地を開発しても、産霊の神の助けがなければ作物は育たないことになる。

　これとは別に高御産巣日神を、天照大御神の祭祀が始まる前に王家が祭った最高神だとする意見も出されている。古くは高御産巣日神がその子孫を地上に送る神話があったが、のちに天照大御神が天孫降臨の話の主役にされたというのである。

五伴緒神

神　名	子孫と称される豪族とその職掌
天児屋命《あめのこやねのみこと》	中臣氏の祖神（宮廷の祭祀の統轄）
布刀玉命《ふとたまのみこと》	忌部《いんべ》氏の祖神（祭祀の場の補佐）
天宇受売命《あめのうずめのみこと》	猨女《さるめ》氏の祖神（祭祀の場の芸能）
伊斯許理度売命《いしこりどめのみこと》	鏡作《かがみつくり》氏の祖神（祭祀用の銅鏡づくり）
玉祖命《たまのやのみこと》	玉作《たまつくり》氏の祖神（祭祀用の玉類づくり）

こういった説には、それぞれ根拠がある。しかし神話という架空の世界の物語は、どのようにも解釈できるのである。

私は国魂の神の祭祀が行なわれた五世紀以前には、国魂の神を教え導く高い権威をもつ「産霊《むすひ》の神」が信仰されていたと考えている。そして大和朝廷が一続きの神話をまとめていく中で、大和の大物主神を助けた産霊の神が高御産巣日神とされ、大国主神の治める出雲を守る産霊の神が神産巣日神になったのであろう。

高御産巣日神がそのように格の高い神であったために、皇室の権威付けのために邇邇芸命の母が高御産巣日神の娘とされたのだ。

『古事記』は、天照大御神が王家の祭祀を担当する五氏族の祖先神に、邇邇芸命と共に地上に降るように命じたと記している。それ

「天孫降臨」の候補地

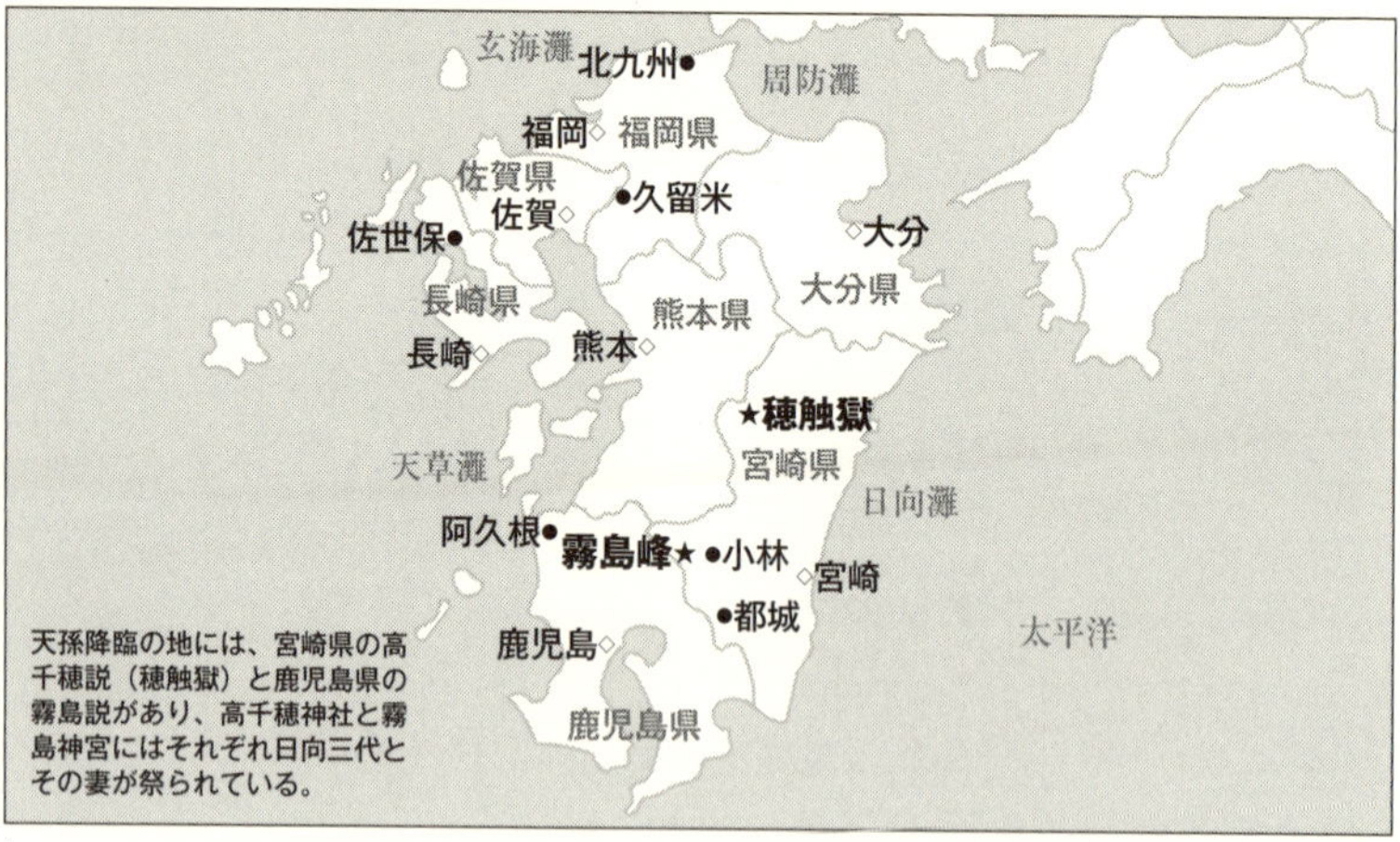

天孫降臨の地には、宮崎県の高千穂説（穂触獄）と鹿児島県の霧島説があり、高千穂神社と霧島神宮にはそれぞれ日向三代とその妻が祭られている。

が「五伴緒《いつとものお》」と呼ばれる、中臣氏の祖先神である天児屋根命などの五柱の神である。

このほかに知恵のある思金神《おもいのかねのかみ》、力持ちの天手力男神《あめのたぢからお》と、天石門別神《あまのいわとわけのかみ》という戸口の神も、邇邇芸命に従ったという。

ここに登場するお供の神の多くは、天の岩屋神話にみえる神である。そのため天の岩屋神話と天孫降臨神話とは一体のもので、いずれも中臣氏の主導でまとめられた神話だとされている。

この天孫降臨神話には、三種の神器の起源に関する話もみえる。『古事記』は、天照大御神が三種の神器を邇邇芸命に授けたと記している。

このとき天照大御神は、孫にこう教えた。

「八咫鏡を私の魂と思って、大切にお祭りしなさい」

このあと邇邇芸命の一行は、猿田毗古神《さるたひこのかみ》の道案内によって、雲を押し分けて長い道を開き進んで高千穂《たかちほ》の峰に降り立ったという。

「神が天から山の上に降り立った」とするこのような天孫降臨の神話は、北方の神話に脚色を加えてまとめられたものだと考えられている。

有力な神の子孫が天から降りてきて王家をひらいたとする神話は、モンゴルなどの草原地帯や朝鮮半島の国々に広くみられるものである。

ブリヤート・モンゴル族に、ゲゼル神話という話がある。それは最高神であるデルクエン・サガンがマラトの民の求めに応じて天の神を地上に降らせる形をとっている。

マラトの人々は、シャルム・カンヤマンガタイという悪者に苦しめられていた。サガンは最初は息子のカン・チュルマスを地上に行かせようとした。

しかしかれは老齢であることを口実に、その役目を辞退した。そして代わりに自分の末子のゲゼル・ボグトゥを送ることにした。このボグトゥは、最高神から一人の妻と神馬、蹄縄《ひづめなわ》、槍、黄金を授かり任地に向かったとある。

モンゴルには海の果てから神が尋ねるという発想はない。見渡す限り陸地が広がるところで生活するかれらは、神々が住む異界を天の上に求めざるを得ないのである。

ここに記したようなモンゴルの遊牧民の神話を手本に、朝鮮半島の檀君《だんくん》神話がつくられた。古代の朝鮮半島の国々の君主は、この檀君神話を踏まえてすべてこのように称していた。

「私は天の神である天帝の子孫である」

古代の朝鮮半島では「檀君朝鮮」という、伝説上の王朝があったと信じられていた。この檀君にまつわる神話は、一三世紀にまとめられた『三国遺事《さんごくいじ》』という歴史書に詳しく記されている。それに従うと、このようになる。

「はるか昔に帝釈天《たいしやくてん》の子の桓雄《かんゆう》という神が、三〇〇〇人の家来を引き連れて太伯山《たいはくさん》の山頂に降ってきた。桓雄は帝釈天から、風の神、雨の神、雲の神と三種の宝器を授けられて地上に来た。

かれは熊女《ゆうじょ》という熊の精霊を妻に迎えて、檀君という子供をもうけた。檀君は紀元前二三三三年に人々の求めによって王になり、古朝鮮をひらいた。このあと檀君は一五〇〇年にわたって国を治めた。かれは人々にさまざまな生業の教え、衣服や家をつくらせた」

権威の高い神の子孫が、神々を従わせて宝器を持って地上に降ったとするこのような檀君神話は日本の天孫降臨神話と多くの共通点をもつ神話だと評価できる。

猿田毗古神と天宇受売命の結婚

邇邇芸命の一行が地上に降ろうとしたときに、「天之八衢《あめのやちまた》」という地上に向かう道の四つ辻に天地を照らす神がいたと、『古事記』に記されている。

邇邇芸命は、お供の天宇受売命《あめのうずめのみこと》を送ってその神に「何者か」と尋ねさせた。するとかれは、「私は猿田毗古神《さるたひこのかみ》という国つ神で、天孫の道案内に参りました」と答えた。

この猿田毗古神は、伊勢で古くから祭られていた多様な性格をもつ神である。

無事に地上に降り立ったあと、邇邇芸命は、天宇受売命に猿田毗古神を伊勢まで送っていくように命じたという。このとき邇邇芸命は天宇受売命に、猿田毗古神の妻となって猿田毗古神の祭祀にあたれとも命じた。

この話は、天宇受売命が本来は猿田毗古神に仕える巫女の神であったことを物語っている。

猿田毗古神は、伊勢の中流豪族であった宇治土公《うじどこ》氏の祖先神とされる神である。伊勢神宮がある伊勢南部では、古代に有力な豪族はおらず、多くの中流豪族が並び立っていた。

宇治土公氏は、二見興玉《ふたみおきたま》神社や夫婦岩《めおといわ》がある二見を本拠としていた。かれらは、外宮《げくう》がある山田《やまだ》を治める度会《わたらい》氏の分家筋の豪族であった。

二見興玉神社は、現在は猿田彦大神と宇迦乃御魂神《うかのみたまのかみ》（稲荷《いなり》神社の祭神）を祭っているが、古くはそこは猿田毗古神の祭祀の中心地であったとみて良い。

「さるたひこ」とは、神聖な田を守る神を表わす言葉である。そして天孫降臨のときに天地を照らしていたという神話や、二見興玉神社が日の出の見える海岸につくられたことを根拠に、「猿田毗古神は古くは太陽神であった」と考えられている。

その神は、神聖な田の稲を育てる太陽の神だと考えられたのだ。この神の性質にひかれて、のちに食物の神である宇迦之御魂神が二見興玉神社に合祀されたのであろう。

このような伊勢の一介の中流豪族の氏神という立場だけで、猿田毗古神が王家の神話に組み込まれたわけではない。その神は宇治土公氏の下で祭祀の芸能を担当する猨女《さるめ》氏によって、中臣氏とつながりをもつことになったのだ。

猨女氏は、猿田毗古神に仕える天宇受売命という巫女の神の子孫と称して、神事に用いる和歌、音楽などの独自の芸能を発展させてきた。そのため中央の中臣氏が猨女氏の芸能に目を付けて、かれらを引き立てて王家の神事のときの歌舞の担当者に起用した。

これによって猨女氏の一部が大和に移住して、宮廷で活躍するようになった。そのために猨女氏の祖先の天宇受売命の踊りの話が天の岩屋神話に組み込まれたり、天宇受売命が天孫降臨のとき猿田毗古神を従える話が創作されたりしたのである。

七世紀末に伊勢に伊勢神宮が建設されたあと、内宮のある宇治の地に本拠をおく荒木田《あらきだ》氏が、中臣氏の支配下に組み込まれた。この流れで荒木田氏が内宮を、度会氏が外宮を管轄するようになっていった。この動きの中で、猨女氏を介した中臣氏との縁を重んじた宇治土公氏は荒木田氏の下で内宮に仕えるようになっていった。

猿田毗古神は、のちに民間で信仰されてきた道祖神と結び付いて旅行の神としても祭られるようになった。庶民の間で信仰された道祖神は古くは「衢神《ちまたがみ》」などと呼ばれた。道の交わるところを「ちまた」つまり道の俣というが、古代には道の交わるところや集落の出入口には、人々を見守る神がいると信じられたのだ。そのために、そのような旅行の神がいるところに目印の石が置かれて道祖神と呼ばれた。そして猿田毗古神が天の衢にいて天孫の道案内をしたという神話が広まったあと、古くから祭られていた道祖神が猿田毗古神とされたのだ。

木花之佐久夜毗売と石長比売

『古事記』は、高千穂の峰に降り立った邇邇芸命がこのように言われたと記している。

「ここは韓《から》の国に向き合い、笠沙《かささ》の岬（鹿児島県南さつま市）に一本の道が通じている。朝日のまっすぐに射《さ》す国で、夕日の照り輝く国である。この場所こそ最も良い土地である」

この言葉を発したあと、邇邇芸命はそこに高千穂の宮という立派な御殿を建てて住まわれたという。

『古事記』は邇邇芸命が日向の高千穂の地を大いにほめた話を記した少しあとに、伊波礼毗古命《いわれひこのみこと》（神武《じんむ》天皇）が日向に満足せず大和に向かう神武東征伝説をおいているのである。

これは『古事記』のもとになった『旧辞』が、別々に創作された神武東征伝説と天孫降臨の神話をつなぎ合わせたことによる混乱からくるものである。

『古事記』は、高千穂に降った邇邇芸命があるとき、笠沙の岬に出かけたと記している。そのときかれは、一人の美しい娘に出会った。名前を尋ねたところ、その娘はこのように答えた。

「私は大山津見神の子神の神阿多都比売《かむあたつひめ》（鹿児島県西部の阿多の地の女神）です。私は普段は、別名の木花之佐久夜毗売《このはなのさくやひめ》（咲く花のように美しい姫）の名で呼ばれています」

邇邇芸命はすぐさま、父神であった大山津見神のもとに使者を送り、結婚の申し込みをさせた。このとき大山津見神は大いに喜び、姉の石長比売《いわながひめ》と木花之佐久夜毗売の二人に多くの贈り物を持った従者たちをつけて、天孫のもとに送った。

「二人の娘を、共に妻にして下さい」

と言ったのである。しかし邇邇芸命は平凡な顔立ちをしていた姉の石長比売には、魅力を感じなかった。

そのためかれは、姉娘を父神のもとに帰らせた。このとき大山津見神は、こう言って嘆いたという。

「石長比売を受け入れて下されば、天孫の命は岩のように永遠にあられたのに。木花之佐久夜毗売を召された方は、花が咲き乱れる木のように繁栄されます。しかし美しい花がやがて散るような、儚い生涯を送ることとなります」

石長比売を受け入れなかったために、永遠の命をもつ神の子孫である天皇の生命が、限りあるものになったという。

ここに記したような神話は、東南アジアに広く分布するバナナ型神話に脚色を加えてつくられたものである。

この「酷い姉と美しい妹」の話に始まる日向三代の『古事記』の神話は、広く流布した

バナナ型神話の分布

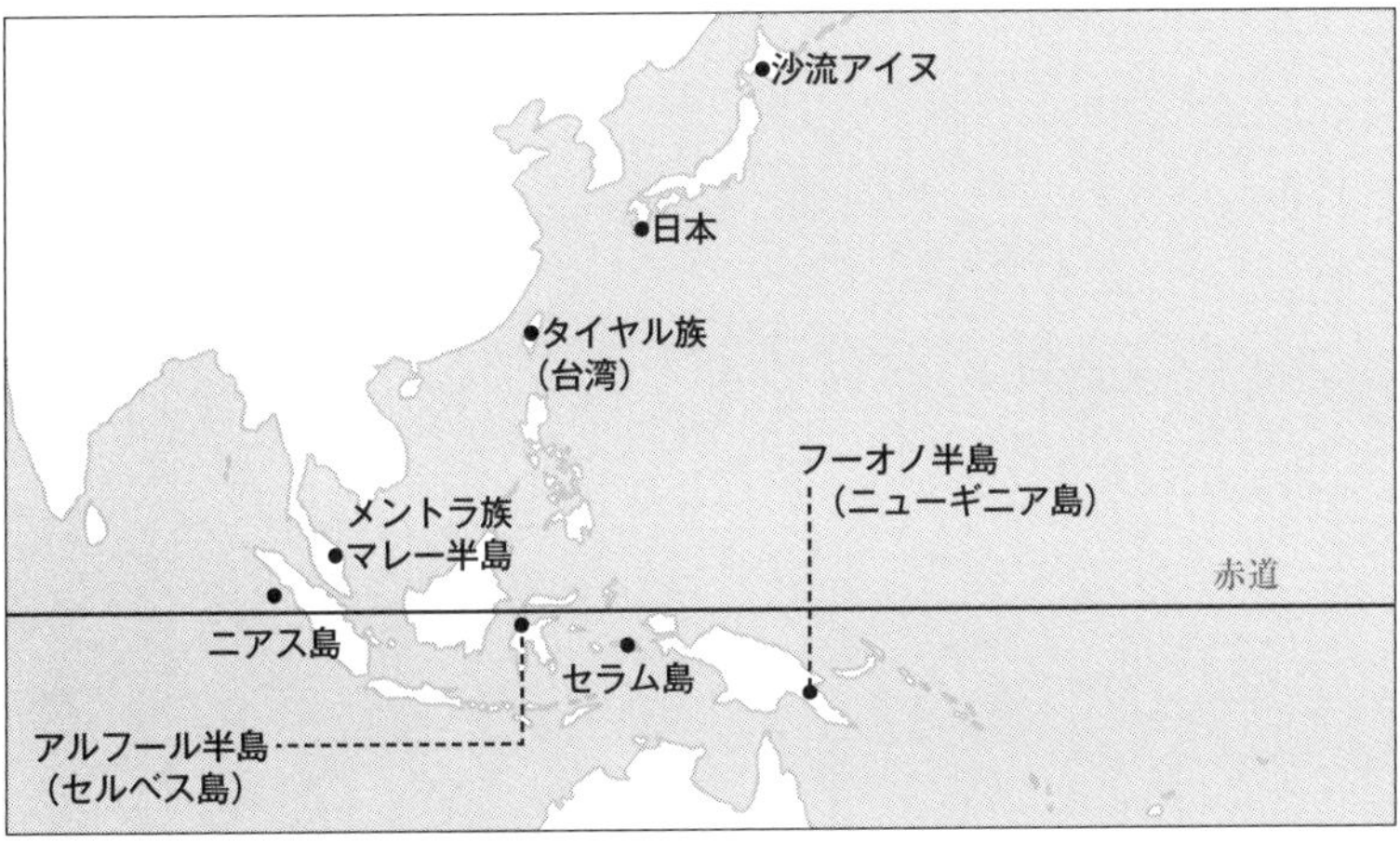

一定の形式（話型）を踏んだ物語をつなぐ形で構成されている。

この点を根拠に日向三代の神話は、王家の神話の大筋がいったん完成したあとで王家の神話に組み込まれたものだと考えられている。

私は三貴子誕生から天孫降臨にいたる神話は、六世紀半ばに中臣氏の主導で構成されたものだと考えている。中臣氏が王家の祭祀を担当する豪族であったために、日本神話のその部分のあちこちに朝廷の祭祀や有力な神社の創建にまつわる話が記されることになった。

これに対して日向三代の神話には、祭祀を行なう場面が全くみられない。それゆえ私はそのあたりの神話は、六世紀末以後に王族の主導でまとめられたと考えている。

中臣氏がまとめた神話は、農耕を助ける太陽神である天照大御神の子孫が人々を治めることを正当化するものであった。それに続いて日向三代で、天孫が結婚を通じて山の神と海の神を従える話が記されたのである。

古い時代に航海民が、南方に広く分布していたバナナ型神話を日本に伝えていたと考えて良い。そして日本では、それに独自の脚色を加えた伝説が広がっていたのであろう。

バナナ型神話の、一例として、インドネシアのセレベス島のアルフール族の次のような神話を紹介しておこう。

「はるか昔に人間は、創造神が天から縄に結わえて下ろしてくれる贈り物によって命をつないでいた。石が与えられた時に人間は、『この石をどうしていいのか分かりません。何か別のものをください』と言った。

そこで創造神は、石を引き上げて代わりにバナナを下ろした。すると人間は、あれこれ試したあと皮をむいてバナナの中身を旨そうに食べた。このとき創造神が、こう言ったという。

『お前たちの命は、バナナのようにはかなくなるだろう、もし石を選んでいれば、人間は不死の体を持つようになったのに』」

『古事記』の木花之佐久夜毗売と石長比売の神話では、南方の神話の「バナナと石」が「酷い姉と美しい妹」に代えられている。ヨーロッパ人がパンなどを持ち込む前の南方の高温多湿の地域には、バナナとタロイモ、ヤムイモを主食とする人々が多くみられた。かれらにとってバナナは身近な食べ物だったが、古代の日本人が主食とした米と石では話をつくりにくい。

そのため日本で「酷い姉と美しい妹」となったのだが、その日本神話には、このような日本的な発想が込められている。

「人間の価値を、見掛けで判断してはならない。すべての人間が、その者にしかない良さをもっている」

「酷い姉と美しい妹」に似た民話は日本に広く分布するが、それらはすべて「見掛けの良くない者を、粗末に扱ってはならない」と人々に教える話になっているのだ。

邇邇芸命と天孫降臨ゆかりの神社

『古事記』の国譲りから天孫降臨にいたる部分の神話には、日本の各地の豪族が祭ってきたさまざまな神が登場する。ここに出てくる神社の中には、鹿島《かしま》神宮、香取《かとり》神宮、諏訪大社、美保《みほ》神社のように各地に多くの分社をつくって繁栄したところもある。

◉鹿島神宮（茨城県鹿嶋市）

祭神……武甕槌大神

鹿島を含む水郷と呼ばれる地は、古代の関東地方の交易の中心地であった。鹿島は海から来た商品を内陸部に送る利根川や霞ヶ浦の水上交通路の入口にあたっていた。この地の人々が祭った氏神が鹿島神宮になった。

◉息栖《いきす》神社（茨城県神栖《かみす》市）

祭神……岐神《くなどのかみ》、天鳥船神、住吉三神

武甕槌命に従って出雲に向かった天鳥船神を祭っている。ここの祭神が鹿島神宮の祭神の先導を務めたという伝承がある。そのためここは鹿島神宮、香取神宮と共に東国三社とされている。

◉香取《かとり》神宮（千葉県香取市）

祭神……経津主大神《ふつぬしのおおかみ》

この神社の祭神・経津主大神（経津主神）は『古事記』にはみえないが、『日本書紀』にて、武甕槌大神（武甕槌神）と共に国譲りを成し遂げた神として登場する。古くは、香取の地を治めた香取氏の氏神でとされた剣の神を祭る神社であった。水上交通路の要地に本拠をおく香取氏は、鹿島の豪族と結んで大和朝廷と交易して大きく発展した。

そして六世紀に香取氏は鹿島の豪族と共に中臣氏に従い、香取と鹿島の神が中臣氏によって祭られるようになった。

◉美保《みほ》神社（島根県松江市）

祭神……三穂津姫命《みほつひめのみこと》、事代主神

この神社は、島根半島東端の海上交通の要地に住む人々の氏神であったとみられる。

事代主命は大国主神の子神の中で最も格の高い子神で、神託を人々に伝える神とされた。室町時代頃に「海の果てから来た」えびす神の信仰が広がると、国譲りのときにお隠れになった果てに去った事代主神が水蛭子（蛭児）と共にえびす神とされた。

そのため事代主神は、恵美須様と呼ばれて福の神として祭られるようになり、各地に事代主神を祭る神社が広まった。

◉今宮戎《いまみやえびす》神社（大阪市）

祭神……天照皇大神《あまてらすおおみかみ》、事代主命、素戔嗚尊、月読尊、稚日女尊《わかひるめのみこと》

聖徳太子が大阪の四天王寺《してんのうじ》、西方の守護神としてひらいた神社で、江戸時代には大坂商人より福の神として信仰された。

◉諏訪《すわ》大社（長野県諏訪市、茅野《ちの》市、下諏訪《しもすわ》町）

祭神……建御名方神、八坂刀売神《やさかとめのかみ》

この神社は、四社からなる。諏訪大社はまず諏訪湖の南側の上社《かみしゃ》と北側の下社《しもしゃ》に分かれている。さらに上社は前宮《まえみや》と本宮《ほんみや》、下社には春宮と秋宮がある。

上社の前宮は茅野市、本宮は諏訪市にある。そして前宮では建御名方神の妻の八坂刀売神、本宮で建御名方神が祭られている。また下社の春宮と秋宮は共に下諏訪町にあり、どちらも建御名方神と八坂刀売神の二柱の神を祭神としている。

この神社は、諏訪湖を中心にひらけた諏訪盆地を守る国魂の神の祭祀の場としてひらかれたものであろう。諏訪盆地は古くから上社に拠った神《こう》氏と下社の祭り手であった金刺舎人《かなさしとねり》氏に支配されてきた。

かれらは大和朝廷に従ったが、戦国時代のはじめ頃までは諏訪は現地の豪族のある程度の自治が認められた特別の土地とされてきた。室町時代に神氏が諏訪氏と名を変えて、金刺氏を滅ぼして諏訪盆地全域を支配した。この諏訪氏はいったん武田信玄に滅ぼされたが、江戸時代には諏訪を治める小大名として復活した。

◉英彦山《ひこさん》神宮（福岡県添田町《そえだ》）

祭神……正勝吾勝勝速日天之忍穂耳命《まさかつあかつかちはやひあめのおしほみみのみこと》

天照大神（日の神）の御子神を祭ったことから「日の子の山」すなわち「日子山」と呼ばれるようになり、「彦山」「英彦山」と改称され、現在に至る。

◉霧島《きりしま》神宮（鹿児島県霧島市）

祭神……天饒石国饒石天津日高彦火瓊瓊杵尊《あめにぎしくににぎしあまつひたかひこほのににぎのみこと》（邇邇芸命）

霧島神宮は、天照大神からの神勅により、三種の神器と稲穂をもち、高千穂峰に天降った日本の祖神・瓊瓊杵尊（邇邇芸命）を主祭神として奉斎する神社であると伝わる。相殿には木花《このはな》咲耶姫尊《さくやひめのみこと》、子の彦火火出見尊《ひこほほでみのみこと》と后の豊玉姫尊《とよたまひめのみこと》、孫の鸕鶿草葺不合尊《うがやふきあえずのみこと》と后の玉依姫尊《たまよりひめのみこと》、曽孫の神《かむ》倭磐余彦尊《やまといわれひこのみこと》（神武天皇）の六柱の皇神を配祀している。

◉猿田彦《さるたひこ》神社（三重県伊勢市）

祭神……猿田彦大神、大田命《おおたのみこと》

この神社は伊勢神宮の内宮のそばに位置する。もとは内宮に仕えた猿田彦大神の子孫である宇治土公氏が邸内社として祭っていたが、明治時代に独立した神社にしたと伝えられる。

◉富士山本宮浅間大社《ふじさんほんぐうせんげん》（静岡県富士宮市）

祭神……木花之佐久夜毗売命《このはなのさくやひめのみこと》

富士山を御神体として祭る、富士信仰の総本社である。富士山信仰の起源は古いが、鎌倉時代頃から富士山の神が、大山祇神の子の木花之佐久夜毗売命だとされた。

古代史コラム

三種の神器は今も続いている？

皇室の三種の神器は、八咫鏡《やたのかがみ》、草薙剣《くさなぎのつるぎ》、八尺瓊勾玉《やさかにのまがたま》から成るものである。これらは皇室の祭祀に欠かせないものとされて、天皇から天皇へと受け継がれてきた。

この皇室に欠かせない宝器が、いつ頃つくられたものかは明らかではない。

銅鏡、剣、勾玉の三つの宝器は、いずれも弥生時代の祭器の流れを引くものである。まず紀元前一世紀後半の北九州に、江南の航海民の集団が移住してきて銅鏡を魔除けの宝器とする考えを広めた。

それに続いて朝鮮半島から輸入された銅剣、銅矛も銅でつくられた魔除けの宝器とされた。縄文時代から用いられてきた勾玉などの玉類も、祭祀の場に欠かせないものだった。

一世紀半ば頃から、青銅器が国産化された。そして二世紀末頃に、青銅器が量産されるようになっていった。これと同じ頃に、鉄製の刀剣が輸入され始めた。

国内では、まだ製鉄は行なわれていなかった。だからありふれた銅剣、銅矛は重んじられなくなり、鉄剣が貴重な宝器として扱われるようになっていった。

大和朝廷の誕生は、まさに銅鏡と鉄剣と勾玉が祭祀の中心におかれた時期にあたっていた。そして三世紀後半に王家の青銅器工芸が

大きく発展して、三角縁神獣鏡という大型の優れた銅鏡を生み出した。

　このような流れの中で、代々の大王が最も優れた銅鏡と鉄剣を伝えていく慣行がつくられたのではあるまいか。勾玉はそれらの添物であったが、最も上質の勾玉を組み込んだ玉飾りも大王の地位を表わす宝器として伝えられたとも考えられる。

　継体天皇が天照大御神の祭祀を始めたあと、王家で伝えられてきた銅鏡が天照大御神の祭りに使われるようになった。そしてそれは伊勢神宮の成立後に皇大神宮の御神体とされた。そのため王家では、六世紀頃につくられた模造品が伝えられたのである。模造品は王家では「形代《かたしろ》」と呼ばれた。

　あとで記すように、『古事記』には倭建命《やまとたけるのみこと》が草薙剣を尾張《おわり》氏に授けたという伝説が記されている。しかしその話は後世に創作されたものらしい。草薙剣は何らかの事情で、ある時期に熱田神宮の御神体になり、王家に形代が伝えられることになったとすべきであろう。

　八咫鏡の形代をはじめとする宝器は、王宮の中の特別に神聖視された部屋に安置された。平安時代にはその部屋は「賢所《かしこどころ》」と呼ばれた。現在の皇居にも、賢所が設けられている。

　平安時代の内裏の火事のときに鏡の形代は火にかかり、形式の焼け残りが箱に納められて伝えられているという説もある。安徳《あんとく》天皇と三種の神器を守護した平氏が滅亡したあと、鏡の形代と勾玉は回収されたが剣の形代は失われ、新たな模造品がつくられた。

6 海佐知毗古と山佐知毗古

海神を訪ねた山佐知毗古

『古事記』は邇邇芸命《ににぎのみこと》が石長比売《いわながひめ》を帰らせた話に続けて、木花之佐久夜毗売命《このはなのさくやひめのみこと》が邇邇芸命に「一夜で子供ができました」と語る話を記している。

邇邇芸命はそのとき妻を疑ってこう言った。

「その子供は、私と出会う前に付き合っていた国つ神の子ではありませんか」

すると妻は、

「私の子は間違いなく天孫の子です。それを証明しましょう」

と言って産屋に入っていった。そしてお産の間に産屋に火をつけて、

「私の子供が天の神に守られたあなたの子なら、火の中でも無事に生まれてきます」

と言った。このあと三柱の子神が次々に生まれてきたという。

これは南方に広くみられる「火中出生説話」をもとにした神話である。それは、命に関わる異常な誕生をした者がのちに国王などの立派な人物に成長することを語る物語である。

邇邇芸命の子神の誕生の話も、決まり切った形の物語（話型）に脚色を加えてつくられた神

話である。私は日向三代の神話のより古い形の王家の神話は、火中出生した邇邇芸命の子神が神武天皇になる形をとっていたと考えている。そのことについては、あとの神武天皇の出生のところで詳しく説明しよう。

つまりこれから記すような山佐知毗古《やまさちひこ》と海佐知毗古《うみさちひこ》の兄弟争いの話は、南方に広くみられる「失われた釣針」の話にならって付け加えられたものと考えるべきものである。

『古事記』は、木花之佐久夜毗売命が生んだ三人の子供の名前を、火照命《ほでりのみこと》、火須勢理命《ほすせりのみこと》、火遠理命《ほおりのみこと》としている。そして火遠理命の別名を、天津日高日子穂穂手見命《あまつひこひこほほでみのみこと》といったという。この名前は「多くの稲穂を育てる天つ神の子供」を意味するものである。

そのあと『古事記』は、火照命は海佐知毗古と名乗って魚を釣って暮らし、火遠理命は山佐知毗古と名乗って山の鳥や獣《けもの》を獲《と》って過ごしていたという。

山佐知毗古があるとき「お互いに道具を取り換えていつもと違う仕事をしよう」と言ったので、山佐知毗古は海に、海佐知毗古は山に出かけた。ところが山佐知毗古は、兄の釣針をなくしてしまった。

兄が釣針を返せと迫ったので、山佐知毗古は困り果てて一人で海辺で途方に暮れていた。そこに、塩椎神《しおつちのかみ》という親切な老人の神が現われた。かれは竹を編んだ船を山佐知毗古に与えて、「これに乗って海神の宮殿に行きなさい」と教えた。

山佐知毗古が海の底の大綿津見神《おおわたつみのかみ》の宮殿に着いたあと、大綿津見神の娘の豊玉毗売《とよたまひめ》と恋仲になった。山佐知毗古はこのあと豊玉毗売との三年を過ごしたが、地上が恋しくなった。山佐知毗古が故郷に帰りたいと言うと、大綿津見神は失った釣針を見つけてくれたという。

この話の釣針を探しに海の底に行く設定は南方の神話をもとに書かれたものだが、話のはじめのところの海と山の獲物を競いあう部分は日本独自のものである。

『常陸国風土記』の中に、倭武天皇《やまとたけるのすめらみこと》（倭建命）が山に行って狩りを行ない、橘《たちばなの》皇后が海に釣りに行って互いの運試しをする話がみえる。このとき天皇は何もとれなかったが、皇后は多くの魚や貝を得た。

このあと二人はお供の者に調理させて、二人で仲良く海の幸を賞味したという。

古代の日本の占いの一つに、「誓約狩り《うけいがり》」というものがある。狩りや漁の獲物の量によって神意を尋ねるものだ。『常陸国風土記』の伝説は、倭武天皇と橘皇后がこの誓約狩りを行なって、皇后が勝つ話になっている。

しかし南方の「失われた釣針」の神話には、山の獲物と海の獲物を競う要素はみられない。パラオ島に伝わる「失われた釣針」の話型をとる次のような神話を挙げてみよう。

「一つの集落を治める豪族を父として、海から現われた女神を母とするアトモロコトという若者がいた。かれは父の釣針を借りて、漁をして生活していた。

ところがある日、かれは漁に出て魚に釣針をとられてしまった。夜になれば、父に釣針を返さねばならない。そこでかれは、海の底に釣針を探しにいくことにした。

アトモロコトは、灰とマラカルの樹の板を使った呪術を用いて海中に潜った。するとそこでかれは、母方の祖母のリリテウダウに出会う。彼女は痛みに苦しんでいた。アトモロコトはこのとき、その痛みの原因がのどに刺さった釣針であることを見抜いた。

そこでかれは、一つの案を思いついた。一匹の魚に、面白い踊りを踊らせたのだ。すると祖母のリリテウダウが大きな口をあけて笑い転げて、釣針を吐き出した。

元気になったリリテウダウは、孫のアトモロコトにいろいろな宝物を与えた。そこでアトモロコトは失くした釣針と宝物を持って上機嫌で海岸に戻っていった」

このような釣針を探しにいって、海の底で多くの宝物を得る神話は、漁撈で生活する南方の島々の住民に好んで語り継がれたものだ。

日向三代の神話を構成した者は、王家の祖先と海の神々とのつながりの起源を説くために、南方の失われた釣針の話型を借りた物語を創作したのである。

海佐知毗古の屈服

南方の「失われた釣針」の話型の神話の多くは、釣針を貸してくれた相手に主人公が釣針を返すところで終わる形になっている。それらの中には海の中で得た宝の一部を、釣針を貸してくれた友達に与える話まである。

ところが、『古事記』の神話では、「釣針を持って帰った山佐知毗古が兄の海佐知毗古を従えた」と書かれている。

そこから私は、この海佐知毗古の屈服の神話は、もとの話にあとから付け加えられたものではないかと推測している。

古い形の日向三代の神話は、王家の先祖にあたる神々が、山の神と海の神の娘が結婚して神々から多くの贈り物をもらう形をとっていたのではあるまいか。

『古事記』は、山佐知毗古の帰郷について、このように記している。

山佐知毗古が失くした釣針は、大きな赤い魚の喉《のど》に中にあった。そこで大綿津見神は、魚の喉を探って釣針を取り出した。

大綿津見神は、釣針を手渡すときに山佐知毗古にこう言ったとある。

「私が力をお貸しして、山佐知毗古さまを瑞穂国《みずほのくに》（日本）の主人《あるじ》にして差し上げましょう」

かれは兄に釣針を返すときにこの言葉を唱えよと教えた。

「ふさぎ釣針、あわて釣針、劣《おと》る釣針、愚《おろ》か釣針」

そうすると海佐知毗古は魚が獲れなくなり、漁を止めて、田をひらいて農業を始めるというのである。

そうなったら水を自由に操れる海神が、山佐知毗古の田に十分な水を送り、海佐知毗古の水田に水が行かないようにすることができる。そのためあなたの兄は、三年のうちにすっかり貧乏になってしまうと大綿津見神は語った。

このあと海神は、山佐知毗古に潮盈珠《しおみつたま》と潮干珠《しおひるたま》の二つの宝器を授けてこう教えた。

「お兄さまが豊かになったあなたを妬んで攻めてきたら、まず潮盈珠を出して水を湧き出させてお兄さまを溺れさせなさい。お兄さまが詫びを入れたら、潮干珠で水を引かせて助けてあげなさい」

このあと山佐知毗古は、巨大な鰐（サメ）の背中に乗って海岸に戻ったという。

山佐知毗古は釣針を返したあと、海神の教えの通りにして兄を従えた。

これによって山佐知毗古の子孫が天皇になり、海佐知毗古の子孫は隼人《はやと》として天皇に仕えることになったという。宮廷の新嘗祭《にいなめさい》という収穫感謝の祭のときに、隼人たちが海佐知毗古が溺れるありさまをまねた滑稽な隼人舞《はやとまい》を演じている。これは海佐知毗古が山佐知毗古に従ったことを伝えるための舞いだと『古事記』は記している。

このような海佐知毗古の屈服の神話は、七世紀末頃にもとの「海神の宮訪問」の物語に新たに付け加えられたものだと考えられる。朝廷は天武天皇の時代にあたる七世紀末に、九州南端部に対する支配を強化している。九州南端部の独特の文化を伝える人々は古くから「隼人」と呼ばれ、自治を許されていた。ところが中央から自立していた隼人の豪族たちが天武天皇の時代から、評《こおり》という地方行政機関の役人にされていったのだ。

奈良時代はじめになると、そのような隼人の居住地は「隼人郡《はやとぐん》」と呼ばれて、税制などの面ではふつうの郡より多少、優遇されていた。

隼人の首長の流れを引く人々は、天武天皇の時代から新嘗祭の日に朝廷に参上するようになった。かれらは「私たちははるか後代にいたるまで天皇に従います」と誓う隼人舞を新嘗の神事のあとで演じたのである。

隼人舞は、隼人が楯の前に進み出て、手を打って舞い歌ったものであった。

奈良市の平城宮跡から、隼人舞に用いられたと思われる木の楯が出土している。その楯には、赤と白の顔料で模様が描かれていた。楯の表面の模様の中には、釣針の絵もみられる。

楯を持ち上げるために、橋の上部に馬のたてがみを編んだものが結わえ付けられていた。

この楯から、隼人舞では「山佐知毗古の海神の宮訪問」から「海佐知毗古の屈服」にいたる物語を踊りで表現した劇が演じられていたありさまが窺える。

楯は、大道具や小道具にあたる役目を果たしていたのであろう。山佐知毗古の役を演じる者が釣針に見立てた楯を赤い魚の役の者に奪われたり、海神の役の者が楯を山佐知毗古役に渡したりしたのである。

ところで「失われた釣針」のような異郷訪問神話は、おおむね次のような流れの構成をとっている。

①異郷を訪問する→②異郷で異常な体験をする→③自分の意志で故郷に帰る→④新たな力を得る

海佐知毗古の屈服の話が加わる前の「山佐知毗古の海神の宮訪問」の話は、山佐知毗古が海神に歓迎されて海神の娘を妻に迎えるだけのものだったと考えられる。

そのため、もとの話に「海佐知毗古の屈服」の話を組み込んだ形の神話は、異郷訪問神話の完成形に近いものになったと評価できる。この神話の改作を行なった者は潮盈珠と潮干珠をもらう形で、主人公が新たな力を得る部分を加えたのである。

鵜葺草葺不合命の誕生

山佐知毗古が海佐知毗古を従えたあと、海神の娘の豊玉毗売《とよたまひめ》が地上を訪れてきたという。彼女は山佐知毗古の子を宿したが、天孫の子を海中で生むべきではないので夫のもとを訪ねてきたという。

『古事記』のこの部分は、アジア各地に広がる水の精霊と王朝の始祖とが結婚する「異類婚」の話型をとる話の一つになる。しかしその話は、「異類婚した夫婦は幸福になれず二人には必ず別離が訪れる」形になる。

そして異類婚で生まれた子供は夫のもとに残され、のちに大きな功績を残す偉大な人物となったとされるのである。

『古事記』の話の続きを記していこう。

「山佐知毗古は、家来に産屋をつくるように命じた。このときかれは、『屋根は茅《かや》でなく、鵜《う》の羽根を集めてきて葺くように』と命じた。

ところが産屋の屋根が完成しないうちに、豊玉毗売が産気づいた。このとき彼女は『けっして、産屋の中を見てはなりません』と言って産屋に入った。

ところが山佐知毗古は妻のことが心配になって、つい産屋の中を見てしまった。するとそこに、うなりながらのたくっている巨大な鰐がいた。

海神の娘は、鰐の姿をしていたのである。豊玉毗売はこのあと『私の恥ずかしい姿を見られては、地上にはいられません』と言って生まれたばかりの男の子を残して去っていった。そして彼女は帰り際に、かつて夫が釣針を探すために通って来た海神の宮殿にいたる道を塞いでしまった」

地上に残された子供は、鵜の羽根の屋根ができる前に生まれたことを意味する「鵜葺草葺不合《うがやふきあえずの》命《みこと》」と名付けられたという。

ここに記したような「異類婚」の話の多くは、悲しい結末を迎えることになる。このような異類婚の話は、別々の集落の男女が出会って結婚したあと、故郷の集落の対立などの事情で不幸に見舞われた人間の世界の出来事をもとに創作されたのであろう。

「異類婚」の話の中には、「自分の家族や親族と十分に話し合った上で結婚相手を選びなさい」という教えが込められている。

日本神話に似た形をとる、南方の異類婚の例を一つ挙げておこう。ミャンマー（ビルマ）には、次のような伝説がある。

「湖のそばに老夫婦とその息子がいた。美しい顔立ちをしていた息子は湖から出てきた娘と恋仲になり、娘に誘われて娘の婿になり湖の底にある娘の父の宮殿で暮らし始めた。

じつは若く美しい男性の恋の相手の娘は竜女で、彼女の父は竜であった。竜王は、婿に気を遣って、すべての竜に人間の姿になるように命じていた。

こういった中で、夏の竜の水祭りの日が訪れた。この日に竜女は夫に、『今日は祭りだから王宮に閉じこもって外を見ないでほしい』と頼んだ。しかしにぎやかな祭りの歌舞の音が流れてくると、若者はついそれを見たくなって王宮の屋根に登った。

すると、国中で竜たちが舞い踊っていた。このときはじめて妻の正体を知った若者は、『地上に帰りたい』と願った。妻はこの願いを聞いて夫と共に地上に来たが、水の無い世界にはいられず、一つの卵を産んで去っていった。

この卵から生まれた美しい男の子が、のちにメン・ユオという小さな国の国王になった」

ここに挙げた話は、鵜葺草葺不合命の誕生の神話にきわめて似ている。南方に広くみられる異類婚のありふれた話型が、日向三代の神話の最後の部分に取り入れられたのである。

東南アジアには「竜蛇信仰《りゅうじゃしんこう》」と呼ばれる蛇の姿をした竜神を水の神として祭る習慣が広くみられた。これと共に太平洋の島々では、海の神は巨大なサメの姿をしていると考えられてきた。

日本では、ヘビは池や川の神、サメは海の神とされていた。そのため本書が紹介したミャンマーの伝説のような竜蛇信仰にたつ異類婚の話が、日本では自然な形でサメ（鰐）の姿をした女神との異類婚の神話に書き換えられたのである。

『古事記』は、豊玉毗売が海に去っていく話に続けて、豊玉毗売の妹の玉依毗売《たまよりびめ》が地上を訪れる話を記している。地上に残してきた子供のことが心配になった豊玉毗売は、子供の世話をさせるために妹を地上に嫁がせたというのである。

鵜葺草葺不合命が成長したあと、玉依毗売はかれの妻となって四人の子供をもうけたと記されている。その中の末子が、大和への東征の主人公となる伊波礼毗古命《いはれびこのみこと》である。

豊玉毗売と玉依毗売は、本来は海神に仕える巫女の神であった。二柱の女神の名前は一対のもので、それらは「海神のすぐれた魂をもつ高貴な女性」、「海神の魂が訪れる高貴な女性」を意味している。

海神に仕える巫女が、王家の祖先神の妻として招かれ、長い航海を経て大和を平定する英雄・伊波礼毗古命の祖母と母になったというのだ。日向三代の神話はこのような形で、王家と海神との間の縁の強さを説いているのである。

海佐知毗古と山佐知毗古ゆかりの神社

日向三代の神々を祭った神社は、それほど多くない。これは日向三代の神々が国魂の神のような古くから祭られた神でなく、天照大御神と初代の天皇である神武天皇との間の系譜をつなぐためにつくられた神々であることからくるものである。

これに対して日向三代の神話に組み込まれた豊玉毗売と玉依毗売は、九州を中心に広く祭られてきた女神であったと推測される。そのため航海民関連の神社の中に、この二柱の女神を祭神とするものがかなりある。

また山佐知毗古の神話の中に、山佐知毗古に海神の宮殿にいたる道を教えた、塩椎神という神がいる。この神は南九州の航海民に信仰された海の神で、のちに鹽竈《しおがま》神社とその分社を中心に広く信仰された。

このあと山佐知毗古の海神の宮訪問の神話関連の神々を祭る神社を紹介していこう。

◉潮嶽《うしおだけ》神社（宮崎県日南市）

祭神……火闌降命《ほすそりのみこと》（海幸彦）

海幸彦を祭る唯一の神社とされている。社伝には、海幸・山幸の争いのとき、満ち潮により磐船（頑丈な船）に乗って潮嶽の里に着き、この地を治めたという。なお海幸彦は、『古事記』

や『日本書紀』に隼人族の祖として記されている。

◉若狭彦神社《わかさひこじんじゃ》（福井県小浜市《おばまし》）

祭神……若狭彦大神

この神社は二キロメートルほど離れた若狭姫神社と一体の神社で、かつては若狭湾の守り神とされた海神を祭る神社であったらしい。

二つの神社は「若狭彦神社」と総称され、その中の上社が若狭彦神社、下社が若狭姫神社と呼ばれる。若狭彦大神は彦火火出見尊（山佐知毗古）で、若狭姫神社の祭神である若狭姫神は豊玉姫だとされている。

◉鹽竈《しおがま》神社（宮城県塩釜市）

祭神……鹽土老翁神（塩椎神）、武甕槌神《たけみかづちのかみ》（建御雷神）、経津主神《ふつぬしのかみ》

東北地方を平定するために武甕槌神、経津主神が鹽土老翁神の案内を受けて、この地に来たが、二神が本拠地に去ったあと鹽土老翁神だけがこの地に留まり、人々に漁業や製塩を教えた。そのためこの地の人は鹽土老翁神を航海や製塩の神としてその信仰を広めたという。

◉和多都美《わたつみ》神社（長崎県対馬《つしま》市）

祭神……彦火火出見尊〈山幸彦〈山佐知毗古〉〉、豊玉姫命

和多都美神社には、山佐知毗古が訪ねた海神の宮殿は対馬にあったという伝説がある。神社の境内には海中に続く鳥居が建てられている。

◉青島《あおしま》神社（宮崎市）

祭神……彦火火出見命（山幸彦）、豊玉姫命、塩筒大神（塩椎神）

この神社は、日南海岸の観光地として知られる青島にある。青島全体が青島神社の神域とされている。この神社の境内に、海水が混ざっていない真水が湧き出る「玉の井」という井戸があり、その井戸は、海神の宮殿で山佐知毗古と豊玉毗売が最初に出会った地だとされている。

◉鵜戸《うど》神宮（宮崎県日南市）

祭神……日子波瀲武鸕鷀草葺不合尊（鵜葺草葺不合命）、天照大御神、天忍穂耳尊、彦火瓊瓊杵尊《ひこほににぎのみこと》（山佐知毗古）、彦火火出見尊、神日本磐余彦尊《かむやまといわれひこのみこと》

創建は第一〇代崇神天皇の御代といわれ、奈良時代の終わりに天台宗の僧と伝える光喜坊快久が勅命によって、鵜戸山初代別当となり、神殿を再興し、同時に寺院を建立して、勅号を「鵜戸山大権現吾平山仁王護国寺」と賜った。

一時は「西の高野」といわれ、両部神道の一大道場として盛観を極めていた。

明治維新と共に、権現号、寺院を廃して鵜戸神社となり、明治七年に鵜戸神宮となった。

◉玉前神社《たまさき》（千葉県一宮町《いちのみや》）

祭神……玉依姫命（玉依毗売）

玉前神社は、一宮の航海民や漁民を治めた豪族が祭った海神を祭る神社から発展したものだと考えられる。九州南部の玉依毗売に関する信仰が、海路を通じて各地に広まったのである。

この神社は、平安時代に一国で最も格の高い一宮とされて国司の厚い保護を受けたところである。

古代史コラム

「国譲り」と「天孫降臨」が意味するものとは？

かつて大和を中心とする勢力と、出雲を中心とする勢力との間の大きな戦いが行なわれたことがもとになって、国譲りの神話がつくられたとする見方もあった。

しかしその神話は、王家の全国支配がほぼ確立した六世紀半ばに書かれたものである。しかも「国譲り」は神々の世界でなされた話し合いとして記されたものである。だから私は前にふれたように、それは王家の祖先神である天照大御神を各地の豪族が祭る神々の上位に置くために「国譲り」の神話がつくられたと考えている。

天照大御神の祭祀が始められる前に、王家は現在の大神神社の祭神である大物主神を祭っていた。その神は大国主神の上におかれたが大国主神と同格の土地の守り神とされていた。

この形に代わって、すべての土地の守り神が天照大御神に従ったという世界観をつくるものであった。

さらに古くからある稲魂（穀霊）の降臨の神話が、このような国譲りと結びつけられて天孫降臨の神話がつくられた。

邇邇芸命というのは、もとは各地で信仰されてきた稲魂の神であった。「ににぎ」とは稲が「にぎにぎしく（元気よく）」稔るありさまを表わす言葉である。

稲魂の神である邇邇芸命が宿った穂籾は、

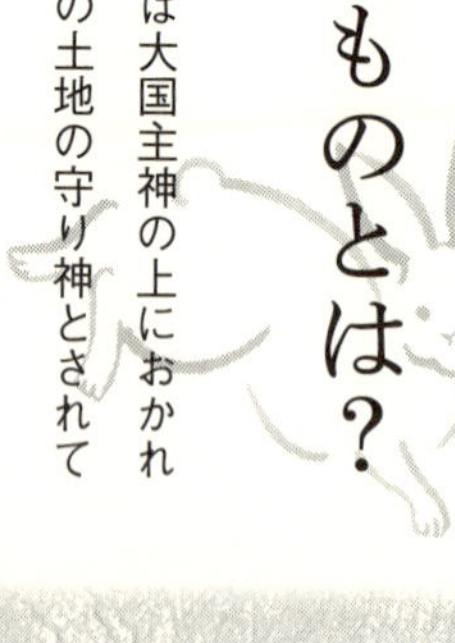

人々に豊かな稲の稔りをもたらすと信じられたのである。邇邇芸命が降った高千穂の峰というは、本来はあちこちにあった山の上の稲魂の祭祀の場をさす言葉であった。「高千穂」とは、多くの稲穂を高く積んだありさまを示す言葉である。

秋の稲の収穫のあとで、人々が神聖な山頂の上で稲穂を積み上げて、天から稲魂を迎える収穫感謝の儀式を行なっていたのである。稲魂を宿した稲穂は、稲倉に納められて冬の間は眠って過ごすとされた。

そして春の種播きのときに、稲倉の神聖な稲穂が種籾とされたのだ。

王家は天孫降臨の神話を整えるときに、名地で祭られていた稲魂の神を天照大御神の孫の邇邇芸命とした。これ以前にすでに、天照大御神の子神で稲の神である天之忍穂耳命と天之菩卑之命の兄弟の神がつくられていた。

そのために神話の脚色にあたった中臣氏は、高御産巣日神という権威の高い神の娘を天之忍穂耳命の妻で、邇邇芸命の母神にあたる神とした。これによって二柱の稲の神を、親子としてつないだのだ。

「国譲り」から「天孫降臨」にいたるこのような神話の創作は、すべて王家の祭祀を担当した中臣氏の主導のもとに行われたものである。中臣氏の神話によって「大王は日本を治める資格をもつ、唯一の天照大御神の正統の子孫である」と主張したのである。さらに中臣氏は「国譲り」の神話を根拠に、「天皇が神祇官という役所を介して、出雲大社をはじめとするすべての神社を祭る制度」をつくり上げていった。

7 神武天皇

東征の始まり

鵜葺草葺不合命と玉依毘売の間に四人の子供が生まれたと、『古事記』にある。五瀬命《いつせのみこと》、稲氷《いなひ》（氷）命《のみこと》、御毛沼命《みけぬのみこと》、若御毛沼命《わけみけぬのみこと》の四人である。

これに続けて『古事記』は、末子の若御毛沼命の別名を伊波礼毘古命《いわれびこのみこと》といったと記している。この中の御毛沼命は、波頭を踏んで常世国に行った。そして稲氷命は、亡き母の国である海に入られたという説明がみえる。

この部分は、天孫と海神の娘の間の四人の子供のうち二人が海の神の世界の住人になり、残った二人が人間となったとするものである。

『古事記』は、初代神武天皇である伊波礼毘古命よりあとの皇室の祖先を人間として扱う世界観に拠って描かれている。しかし人代つまり人間の時代の最初の世代の四人の兄弟のうちの二人が、人間となるのを拒んだと記されているのである。

さらに私は、神武天皇（伊波礼毘古命）の実名を「彦火火出見《ひこほほでみ》」といったとする『日本書紀』の記述にも注目したい。同じ『日本書紀』の日向三代の部分は、邇邇芸命の子にあたる山佐知《やまさち》毗古《ひこ》の名前を「彦火火出見尊《ひこほほでみのみこと》」としている。この点から私は、六世紀半ばに最初に創作された天孫降臨の神話は、高天原から降った邇邇芸命の子供の彦火火出見尊が大和を征服して神武天皇になる形をとっていたと推測している。そして六世紀末にもとの話に、山佐知毗古の失われた釣針の話が加えられたのだろう。

天孫とされる日向三代の神々は、日本の君主となって地上を治めるために高天原から降ってきた。そして三代の先祖の任務を忠実に受け継いだ伊波礼毗古命は、命に限りある人間となって人々を治めざるを得なかった。

そうだとすると人間になるのを嫌がった伊波礼毗古命の二人の兄は、母方の世界である海に

天照大御神から神武天皇までの系譜

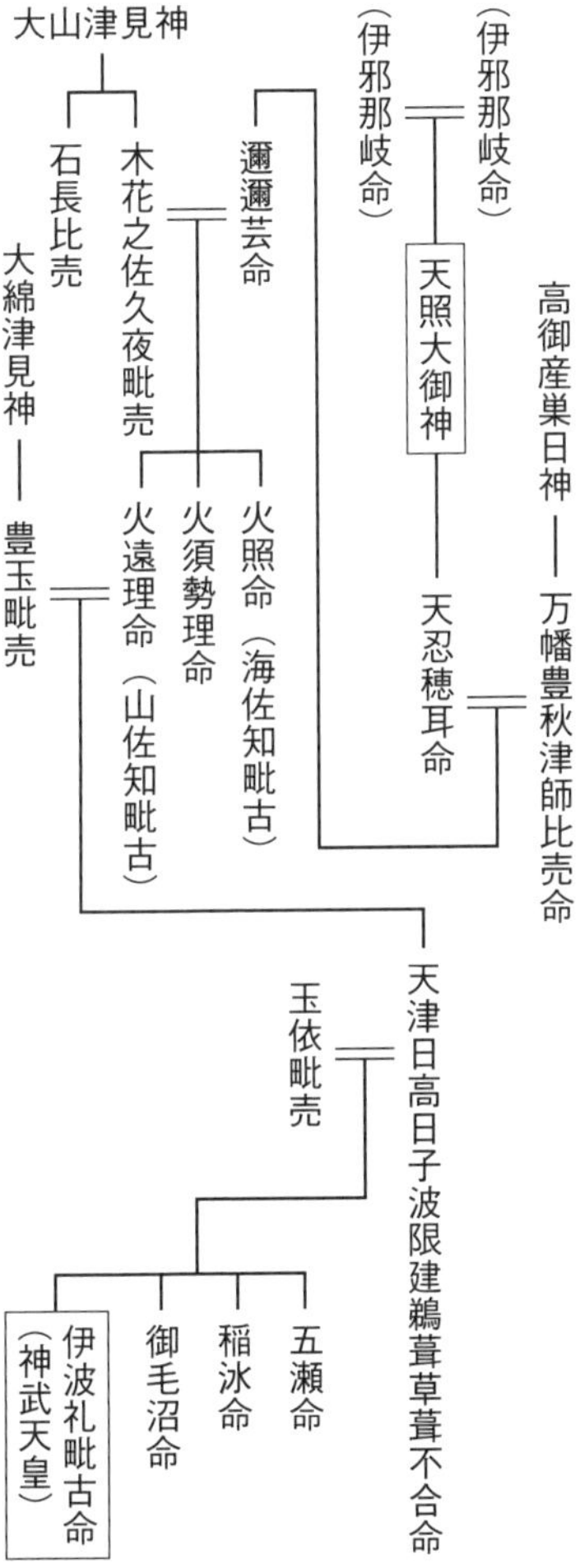

連なる異界に行かざるを得なかった。

ここに紹介した兄弟の別れの話をもって、神代《かみよ》のことを記した『古事記』上巻は終わる。そしてその先は、神武東征伝説に始まる『古事記』中巻になる。

この『古事記』中巻は、伊波礼毗古命《いわれびこのみこと》が高千穂宮で兄の五瀬命と話し合って、都とすべき地を探すために東方に行こうと決めるところから始まっている。

かれらはあちこちに寄港してそこにしばらく留まることを重ねて、大和に近づいた。そして明石海峡を通るときに、槁根津日子《さおねつひこ》という国つ神に出会った。伊波礼毗古命は、道案内をさせるために椎根津日子を一行に加えて、さらに先に進んだ。

この初代の稚根津日子は、大和《おおやまと》神社の祭祀を担当した倭《やまと》氏の先祖にあたる。この倭氏の本拠地は、王家が大和朝廷をひらいたとされる纏向《まきむく》（現在の奈良県桜井《さくらい》市）のすぐ北方にあたる奈良県天理《てんり》市南部にある。

王家は大和一国の土地の守り神を祭神とする大和神社を管理する倭氏を重んじ、六世紀はじめにかれらを倭国造《やまとのくにのみやつこ》に任命している。

こういったことからみて、私は倭氏は王家が纏向に移住してきて大和朝廷をひらいたときに、王家に従って纏向の北方に来たと考えている。桜井市の纏向遺跡の調査によって、そこが誕生して間もない時期の大和朝廷の本拠地であったことが明らかになってきている。

纏向遺跡からは、吉備（岡山県から広島県東部にいたる地域）特有の出土品が多くみつかっている。そしてあとで紹介する保久良《ほくら》神社（兵庫県神戸市）の存在からみて、倭氏は古くは保久良神社のある神戸市東部を治めた豪族であったと考えられる。かれらは王家の先祖が率いた吉備から来た一行に従って大和神社のあたりに来たのではあるまいか。

二二〇年頃に、それまで何もなかったところに広さ一平方キロメートル（のちに三平方キロメートルに拡大した）の巨大な纏向遺跡が出現した。これは、吉備から大和に移住した有力豪族が纏向遺跡をひらいたことを示すものだとされている。このときの指導者は、「最初の大王」と呼ぶべき人物だったのだろう。

しかしそのような史実が、どのような形で神武東征伝説に反映されているかは明らかで

神武天皇東征の道のり

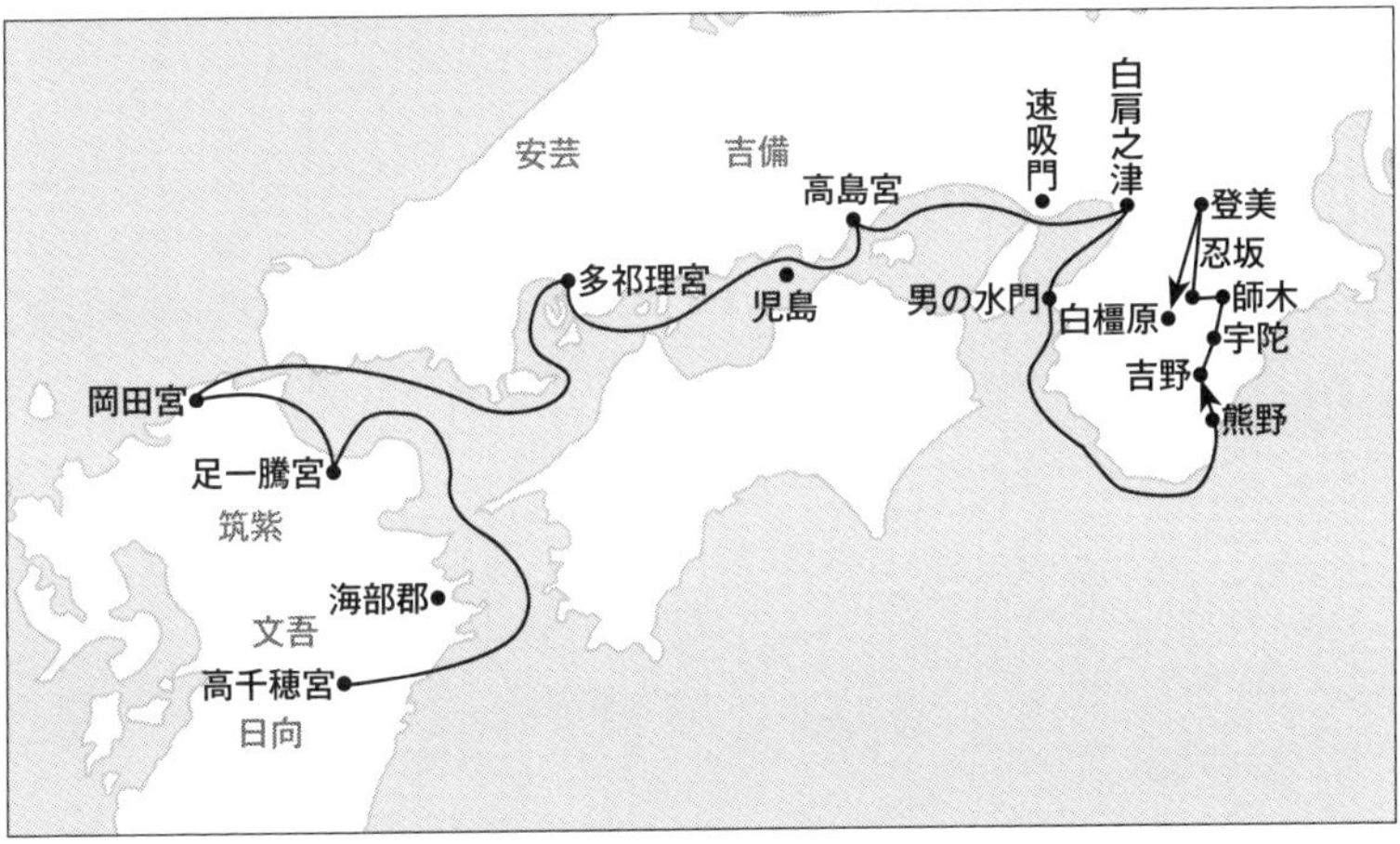

はない。

『古事記』は、大阪湾沿岸に上陸して大和に入ろうとした伊波礼毗古命の一行の前に、有力な敵が出現したと記している。

登美能那賀須泥毗古《とみのながすねびこ》という者が、軍勢を引き連れて港のところで待ち構えていたのだ。登美とは地名で、そこは難波から奈良盆地に入る道筋の盆地の入口の近くに位置している。

那賀須泥毗古は、ふつうは「長髄彦《ながすねびこ》」と書かれることが多い。その名前は、人命ではなく大和朝廷ができる前に各地で祭られていた嵐の神をさす名前だといわれている。

古くは王家で大和朝廷をつくった祖先が、大和の「荒ぶる神を祭って鎮《しず》めた」という話が伝えられていたのであろう。しかし神武東征伝説がつくられた六世紀はじめには、王家の長髄彦の祭祀は廃れていた。

そのために伊波礼毗古命が長髄彦という悪者を討って大和を平定したという話が構想されたのである。

『古事記』は、長髄彦の軍勢が矢を激しく射かけてきたために、五瀬命が重傷を負ったと記している。そのため伊波礼毗古命は、船に戻って逃げ去った。

このとき五瀬命が、こう言った。

「私たちは日の神の子孫でありながら、太陽が昇る方向に向かって戦いを仕かけたので敗れた。だから遠回りして、朝日を背にして戦おう」

この言葉に従って、一行は東方から大和に入ろうとして紀伊半島の沿岸を南下した。

しかし紀伊国の竈山《かまやま》（和歌山市）というところに来たときに、五瀬命は亡くなってしまったという。

この五瀬命の最期の話は、高天原の神の子孫である天皇の祖先が、神武天皇の世代から死期がくれば命が終わるふつうの人間になったことを読者に確認させる役目をもつ話であった。

熊野から大和へ

『古事記』は、伊波礼毗古命の一行が紀伊半島の南端を越えて熊野の海岸に着いたと記している。すると森の中から怪しい熊が現われ、すぐに姿を消してしまった。この熊は、土地の悪神であった。

伊波礼毗古命の一行は、熊の姿を見たあとその毒気にあてられて気を失ってしまったという。ここでも伊波礼毗古命は、天孫の上陸を阻止する者の妨害にあった。しかしかれらは今度は、不思議な剣の呪力によって救われることになる。その剣は、のちに物部氏が祭る石上《いそのかみ》神宮の御神体とされた神剣だという説明が、『古事記』に付されている。

『古事記』は熊野に住む高倉下《たかくらじ》という者が、神剣を捧げ持って伊波礼毗古命のもとを訪れたと記している。かれは伊波礼毗古命に、その剣は建御雷神《たけみかづちのかみ》が天から授けたものだと語った。

伊波礼毗古命が神剣を受け取ると、剣は持ち主の呪力を得て清らかな光を放った。この光にあたった熊野の悪神たちは、すべて退散し、熊野の地は平和になったという。

大和朝廷が誕生したあと、物部氏が大和朝廷の中で王家にほぼ並ぶ地位にあった時期がある。石上神宮で物部氏が祭った神剣は、布都御魂《ふつのみたま》と呼ばれている。この神剣は、国内のすべての邪悪な精霊をしずめる力をもつと信じられていた。

物部氏という氏族の名前に用いられた「もののべ」という言葉は、「物怪を祭る人々」を表わすものである。大和朝廷をひらいたあと、王家は三輪山《みわやま》の山の神である大物主神を自分たちが治める土地の守り神として祭り始めた。

この大物主神は、「国魂《くにたま》」と呼ばれる人々に水の恵みを授ける農耕神であった。前に挙げた倭氏は、王家に従って「国魂《くにたま》」の祭祀を助けた氏族であった。

大和朝廷が誕生して間もない時期に、王家と倭氏が農耕神を祭り、物部氏が大和朝廷に災いをもたらす物怪をしずめる形の祭祀の役割分担がつくられたのである。

石上神宮には、布都御魂のほかに多くの神剣が祭られていた。『日本書紀』に、垂仁《すいにん》天皇の王子にあたる五十瓊敷命《いにしきのみこと》が一千口（一千本）の剣をつくって石上神宮に納めてそれを管理したという記事がある。さらにそのあとに五十瓊敷命が老年になったときに、物部氏に神宝を委ねたと記されている。

大和朝廷が誕生して間もない時期に、王家が物部氏に剣を授けて、剣神の祭祀を行なわせるようになったのではあるまいか。

伊波礼毗古命に神剣布都御魂を献上した高倉下は、物部氏と関わりの深い人物である。尾張国を治める尾張国造を務めた、尾張氏という氏族があった。物部氏とこの尾張氏の系譜を記した『先代旧時本紀《せんだいいくじほんぎ》』は、高倉下を尾張氏の祖先としている。そこには、次のようにある。

「高天原から降った饒速日命《にぎはやひのみこと》の長子を天香語山命《あめのかごやまのみこと》という。かれは尾張氏の始祖で、別名を高倉下といった」

この天香語山命の弟が、物部氏の始祖とされた宇摩志麻遅命《うましまぢのみこと》である。かれは神武天皇の東征のときに天皇に帰順した功績によって、神剣布都御魂を授けられたという。

このような物部氏の伝承によれば、建御雷神から降された布都御魂は、高倉下から伊波礼毗古命に献上されたのちに、高倉下の弟の宇摩志麻遅命に下げ渡されたことになる。

ここに記したように、神武東征伝説は物部氏とその同族の伝承を多く取り込んで構成されている。日本古代史の研究者の間で、伊波礼毗古命を主人公とする神武東征伝説は六世紀はじめの継体天皇の時代に創作されたとする説が有力になっている。

継体天皇のもとでは、大連《おおむらじ》（大王の補佐役）の大伴金村《おおとものかなむら》と物部麁鹿火《あらかい》が国政を動かしていた。そのため物部麁鹿火の主導で、神武東従伝説の物部氏に関連する部分がつくられたとみられている。

『古事記』には、高倉下から神剣を受け取ったあと、伊波礼毗古命が不思議な夢を見たと記している。高御産巣日神が夢に現われて、道案内を務める八咫烏《やたがらす》を送ると告げたのである。伊波礼毗古命が目を覚ますと、巨大な八咫烏がかれの一行の頭上を飛び回っていた。伊波礼毗古命たちは八咫烏の導きに従って険しい山を越えて、吉野川の上流の地に着くことができた。

この吉野でかれらは吉野の豪族たちを従えたのちに、山を下って奈良盆地のはずれの宇陀《うだ》（奈良県宇陀市）にいたった。

ここに出てくる八咫烏は、葛野主殿県主《かづののとのもりあがたぬし》という氏族の祖先神である。鴨《かもの》県主とも呼ばれる葛野主殿県主は京都盆地の東方に本拠をおく豪族である。賀茂大社の神職を務める賀茂（鴨氏）は、かれらの子孫にあたる。

葛野主殿県主は、王宮の建物や行事のときの施設の管理にあたる王家の主殿《とのもり》という役目に従事した豪族である。かれらは儀式のときの松明《たいまつ》などの照明を担当していた。そのため松明を持って大王を先導する八咫烏の子孫の役目をもとに、八咫烏の道案内の話がつくられたと考えられている。

大和平定

宇陀の地に到着した伊波礼毗古命の一行は、大和の豪族を次々に従えていった。『古事記』にはこの大和平定にまつわる歌物語がいくつか記されている。

『古事記』のこの部分は、大伴氏の主導によって構成されたと考えられている。大伴氏とかれの配下の久米《くめ》氏は、古くから王家に仕える武人の指揮官を務めてきた氏族であった。

神武東従伝説の中の大和平定の物語には、久米氏が伝えた久米歌《くめうた》という民謡が多く引用されている。前に記したように物部麁鹿火と大伴金村が継体天皇の時代の朝廷の主導権をとっていた。それと対応する形で神武東征伝説には、物部氏主導でまとめられた部分と大伴氏主導でまとめられた部分が目立つのである。

『古事記』は神武東征のときに宇陀の地を治めていたのは、兄宇迦斯《えうかし》、弟宇迦斯《おとうかし》の兄弟であったと記している。神武天皇が八咫烏を二人のところに送って帰順するように勧めると、弟宇迦斯は喜んで天孫に従った。

しかし兄宇迦斯は、伊波礼毗古命を仕掛けを施した御殿に誘い込んで殺そうとした。これを知った伊波礼毗古命は、大伴氏の祖先の道臣命《みちのおみのみこと》と久米氏の祖先の大久米命《おおくめのみこと》に命じて兄宇迦斯を捕まえて来させた。

このあと道臣命と大久米命は大刀と矛で脅して、兄宇迦斯を仕掛けのある御殿に追い込んだ。すると御殿の天井から大きな石が落ちてきて、兄宇迦斯を押しつぶしてしまった。

さらに伊波礼毗古命の一行は、勝利を祝う宴会をひらいたという。そのときに、みんなは次のような意味の和歌を歌った。

「宇陀の山辺の狩場の中に、鴫《しぎ》（山に棲む野鳥）を獲ろうと罠を張る。待ちに待てども鴫ども来ずに、鯨《くじら》捕《とら》えて目出度いぞ」

この歌の間に、一同が次のような囃《はや》し言葉を合唱したという。

「敵の罠をば、見事破った」

これは、平素は山地で生活していた久米氏の戦士たちの間に伝えられてきた久米歌という民謡である。敵の策にはまらずに勝利したときに、戦士たちが揃ってこのような和歌を歌ってきたのであろう。

大伴氏はこの久米歌を踏まえて、自分たちが倒した敵を兄宇迦斯とする話を構成していったのであろう。

『古事記』には、弟宇迦斯は宇陀の水取《もいとり》の先祖であると記されている。水取というのは、氷《ひ》室《むろ》を設けて氷を管理する役割を担当する氏族を表わす言葉である。

冬の間に池などの氷を切り取って、穴を掘って氷が溶けないように上手に埋めておくと、氷の中心部分を夏まで保存することができた。このような氷を保管する施設は、「氷室《ひむろ》」と呼ばれた。

神武東征伝説では、宇陀の山の登り口で氷室を設けて王家が必要とする氷を献上する氏族が王家に従った経緯が久米歌とからめる形で語られているのである。

『古事記』は、このあとにすすんだ伊波礼毗古命が、忍坂《おさか》（奈良県桜井市）で八十建《やそたける》と呼ばれる大勢の乱暴者を従えた話を記している。

伊波礼毗古命は、八十建を「大室《おおむろ》」と呼ばれる大きな屋敷に招いて宴会をひらいたという。このときかれは久米氏の戦士たちに給仕を務めるように命じ、客一人に一人の割合で久米の給付を付けた。

宴たけなわになったときに、伊波礼毗古命は立ち上がってこのような和歌を歌った。

「忍坂大室客《おさかおおむろ》をば集め、宴終《うたげお》わりて戦時《いくさとき》。客は大勢《おおぜい》すべてが敵だ。我ら力の見せどきぞ」

この和歌を合図に久米の戦士たちが一斉に八十建に斬りかかったので、八十建はすべて屈服したという。

これも、古くから伝わる久米歌を踏まえて創作された物語である。この和歌は、久米氏が過去に行なった戦いのありさまをもとにつくられたものであろうか。

忍坂の戦いの敵は「八十建」という具体性のない名前の持ち主になっている。しかもその話は、敵をもてなして殺すという八俣遠呂智退治に似たつくりをとっている。

こういった点からみて、忍坂の戦いの話が具体的な史実を踏まえてつくられたとは考えられない。

『古事記』の伊波礼毗古命の大和平定の物語は、これまでに記した宇陀の戦いと忍坂の戦いの二つだけから成るものである。

これに対して『日本書紀』の神武東征伝説は、『古事記』にみられない戦いの話がいくつか加わった形になっている。そこには、女軍《めのいくさ》、男軍《おのいくさ》などの『古事記』にない神武天皇の敵の名前が出てくるのである。

『古事記』のものは、古い時代の素朴な『旧辞』の記述をそのまま伝えたものであろう。これに対して『日本書紀』は、神武天皇関連の伝承を集め得る限り集めた上で構成されたものだと評価できる。

神武天皇即位

『古事記』の神武東征伝説の核となる部分は、歌物語をつないだ形で構成されている。登美毗古（長髄彦）との決戦に関する話も歌物語として語られている。

その歌物語は、伊波礼毗古命が味方の士気を高めるために次のような和歌を歌うところから始まる。

「猛くりりしい久米の子らが、そだて育《はぐく》む粟畑《あわばたけ》。そこに混じった一本韮《ひともとにら》が、憎いそ奴を引っこ抜き、根から芽までを棄《す》て去るように、憎い敵をば討ち果たせ」

このような和歌が並べられているのだが、伊波礼毗古命が登美毗古との間でどのような形の戦いがなされたのか全く記されていないのだ。それどころか、『古事記』の記述からは伊波礼毗古命が勝ったか負けたかもつかめない。

これに対して『日本書紀』には、磐余彦が金色の鵄《とび》の助けで勝利を得る話が書かれている。

長髄彦との戦いの最中に、天から一匹の鵄がやって来て磐余彦の弓に止まったというのである。このとき敵は、鵄が放つ光に惑わされて戦えなくなったという。この鵄は、高天原の神々から送られたものだったのであろうか。

『古事記』は登美毗古との戦いの記事のあとに邇芸速日命《にぎはやひのみこと》が伊波礼毗古命に従ったという話を記している。かれは高天原から来た天孫で、伊波礼毗古命にこのように語ったという。

「天つ神の御子天降り坐《ま》しぬと聞けり。故《かれ》追いて参降《まいくだ》り来つ（由緒正しい天照大御神の子孫が天降りされたと聞いて、お仕えしたいと思って天から下りてきました）」

このあたりの話は、物部氏の主導で構成されたものだとみられる。王家は纏向の地をひらいたあと大和を統一し、さらに全国各地の豪族を従えていった。物部氏はこの話の中で、こういった主張をしたのだ。「私たちは王家の日本統一の動きの中で、最初に王家に従い王家による日本統一を助けてきた有力豪族である」

『古事記』は、邇芸速日命が登美毗古の妹と結婚してもうけた宇麻志麻遅命《うましまぢのみこと》が物部氏の祖先だと記している。

『日本書紀』は、そのあたりの経緯を次のように記している。

「磐余彦尊（伊波礼毗古命）に敗れた長髄彦は、『私たちは天から降った饒速日命に従う由緒正しい戦士だ』と主張して磐余彦尊に従うのを拒んだ。そのため磐余彦尊の宝器と饒速日命の宝器をくらべてみたところ、どちらも間違いない高天原の宝器であった。磐余彦尊がどうするか悩んでいる中で、饒速日命が長髄彦を殺して帰順してきた」

こちらの話は、物部氏の祖先の功績をより強調した形になっている。

『古事記』は、邇芸速日命が帰順したあとで、伊波礼毗古命は大和の橿原に王宮を建てて天下を治めたと記している。物部氏を従えたことによって王家の祖先は、はじめて大王になることができたというのである。

ところでここに記したような物語に従えば、物部氏の始祖である宇麻志麻遅命は反逆者の妹の子ということになってしまう。しかし前にも記したように長髄彦はただの反逆者ではなく、古い時代に祭られた神の中の一柱であった。

長髄彦は奈良盆地の入口である登美を治める豪族をもとに構想された人物だという説もある。しかしそのような登美毗古に、日本で古くから祭られてきた手長足長の神の性格を加える形で、長髄彦という足の長い不思議な人物が構想されたらしい。

縄文人は、嵐を起こす手長足長の神がいると考えていたらしい。かれは手長足長の神を祭って、嵐などの天災に遭わないように願った。

弥生時代に稲作が広まったあと、日本国内で大国主命などの国魂の神の祭祀がなされるようになった。国魂の神とは土地の守り神で、稲などの作物を育てる農耕神であった。

しかし国魂の神の信仰が広がったのちになっても、山奥など狩猟に従事した人々は手長足長の神を祭り続けた。そして手長足長の神の中に、人間になぞらえた長髄彦の名前で呼ばれるものも現われた。

古い時代に物部氏は、このように主張していたのではあるまいか。「自分たちの祖先は長髄彦の神と姻戚関係になることを、通じて物怪をしずめる呪力を得た」

かつてかなりの数の豪族が物部氏のような形で、長髄彦に対する信仰をもっていたとみて良い。長髄彦は荒ぶる神だが、悪いものを退ける強い呪力をもつと信じられたのだ。

安東《あんどう》氏という中世の津軽の有力な武士は、「自分たちは長髄彦の兄の安日彦《あびひこ》の子孫である」と称していた。

しかし天照大神を中心とする天つ神、国つ神の祭祀を重んじた王家からみれば、長髄彦は滅ぼすべき異端の神にすぎなかった。

神武天皇ゆかりの神社

ここでは神武天皇関連の神社と、神武東征伝説に登場する豪族たちの祖先神を祭る神社を紹介していこう。神武天皇の時代は神代でなく人代とされるために、この項で紹介する神社の中には、多くの分社をつくって繁栄したものはみられない。古代の日本人の多くは、神代の有力な神をより重んじたのである。

◉高千穂《たかちほ》神社（宮崎県高千穂町）

祭神……高千穂皇神《たかちほすめがみ》（瓊瓊杵尊など以下三代の神）と十社大明神（三毛入野命など十柱の神）

この神社は、天孫降臨の地とされる高千穂の久士布流多気《くしふるたけ》に程近い地にある。十社大明神の祭神の三毛入野命は神武天皇の兄にあたり、常世国に渡ったとされる神である。社伝によると、三毛入野命が神武天皇の東征の途中で再び高千穂に戻り、祖神である日向三代の神々などを祭ったとある。

◉安仁《あに》神社（岡山市）

祭神……五瀬命

社伝に、五瀬命は大和に向かう遠征の途中で吉備の宮城山《みやしろやま》で数年過ごしたとある。五瀬命は紀伊の沖で亡くなったとされるが、のちに王家が五瀬命を思い出の地で祭るために安仁神社を起こしたという。

◉竈山《かめやま》神社（和歌山市）

祭神……五瀬命

五瀬彦命を葬った竈山の墓に建てられた神社だと伝えられる。

◉橿原《かしはら》神宮（奈良県橿原市）

祭神……神武天皇、媛蹈鞴五十鈴媛皇后《ひめたたらいすずひめこうごう》

地元民間有志の請願をきっかけに、橿原宮の宮跡に創建された神社。明治天皇の思し召しにより、京都御所の内侍所《ないしどころ》及び神嘉殿《しんかでん》が社殿として下賜された。

◉宮崎《みやざき》神宮（宮崎市）

祭神……神日本磐余彦尊（伊波礼毗古命）

初代神武天皇の孫にあたる健磐龍命《たけいわたつのみこと》が九州の長官に就任した際に、祖父の功績を讃えるために鎮祭したのが始まりと伝えられる。現在の社殿は明治四〇年に建立されたもので、日向の名材、狭野杉が用いられている。

◉保久良《ほくら》神社（兵庫県神戸市）

祭神……須佐之男命、大国主命、大歳御祖神《おおとしみおやのかみ》、椎根津彦命

椎根津彦が青い亀に乗って、この神社の南方にある浜にやってきて保久良山の神になったと伝えられる。椎根津彦が着いた浜は青木《おおぎ》と呼ばれた。現在でも青木の地名と阪神電鉄の青木の駅名がある。

◉彌彦《やひこ》神社（新潟県弥彦村）

祭神……天香山命《あまのかぐやまのみこと》

社伝には、天香山命が第六代孝安天皇元年（紀元前三九二）のときに、神業を終えられて神剣峰（弥彦山）に祭られ、その後第一〇代崇神天皇のとき、勅命により社殿を造営したのが起こりだとある。また、平安時代には越後国で最も格の高い越後の一宮とされていた。

◉八咫烏《やたがらす》神社（奈良県宇陀市）

祭神……八咫烏大神（建角見命《たけつぬみのみこと》）

この神社は奈良時代はじめに、朝廷の殿部《とのもり》（主殿）を務める鴨県主の手によって建てられたものであると推測される。

『新撰姓氏録』では、八咫烏は建角見命が烏に化身したものだとされている。建角身（見）

命は、鴨氏が祭った賀茂御祖神社《かもみおや》（下鴨神社）の祭神である。

◉刺田比古神社《さすたひこ》（和歌山市）

祭神……道臣命、大伴佐氏比古命《さてひこのみこと》

ここは、神武天皇のもとで戦士たちの指揮官を務めた道臣命を祭る神社である。社伝には、大伴武以《たけもち》がこの地に祖先神を祭る神社をひらいたとある。

◉物部神社《もののべ》（島根県大田市《おおだ》）

祭神……宇摩志麻遅命

石見国《いわみ》の物部氏が祖先神を祭った神社。ここでは祭神は宇摩志麻遅命とされているが、右相殿には宇摩志麻遅命の父神である饒速日命も祭られている。

社伝には祭神の宇摩志麻遅命が天香山命《あまのかぐやまのみこと》と共に物部一族をひきいて各地を平定したとある。この一行は美濃から越国（北陸地方）を巡り、そのあと石見国に来たという。

この神社の社殿の背後の八百山の古墳は、宇摩志麻遅命の墓だと伝えられる。また、平安時代に石見国で最も格の高い石見の一宮とされた。

◉物部《もののべ》神社（新潟県佐渡市）

祭神……宇摩志麻治（遅）命

宇摩志麻治命の子孫で、物部氏の同族と称した穂積《ほづみ》氏という豪族がいた。この神社は、奈良時代に穂積老《ほづみのおゆ》がひらいた神社だと伝えられている。

◉石切劔箭《いしきりつるぎや》神社（大阪府東大阪市）

祭神……饒速日命、可美真手《うましまでのみこと》（遅）命

ここは、中央の物部氏の河内《かわち》の本拠地につくられた神社であったと考えられる。この神社には、神武東征のあとで饒速日命がこの地で祭られたとする伝承がある。

古代史コラム

欠史八代とは？

『古事記』の神武天皇の即位で終わる神武東征伝説のあとに、二つの歌物語が添えられている。一つは、神武天皇と伊須気余理比売《いすけよりひめ》の結婚の話で、もう一つは、多芸志美々命《たぎしみみのみこと》の反乱の話である。

これは『古事記』のもとになった『旧辞』をもとに書かれたもので、神武東征伝説と一続きのものとして構想された物語であったと考えられる。

神武天皇は三輪山の神である大物主神の血を引く伊須気余理比売を妻にして、のちに二代目の綏靖《すいせい》天皇になる建沼河耳命《たけぬなかわみみのみこと》をもうける。そしてこの建沼河耳命が、伊波礼毗古命が日向にいるときにもうけた多芸志美々命を倒して大王になったとされるのである。

大和朝廷の人々はこのような形で大和に入った王家が大物主神の守りを受けて大和の地を治めるようになったことによって、神武天皇の東征ははじめて完成されたと評価したのだ。

神武東征伝説が構想された六世紀はじめの時点の王家には、このような綏靖天皇の王位継承にいたる話と、一〇代崇神天皇に関する物語しかなかった。

あとで紹介する崇神天皇の物語は、三世紀末に実在した「みまきいりひこ」という大王

の事跡を下敷きにまとめられたと考えられている。

五世紀の王家の人々は、崇神天皇をとくに敬い自分たちの始祖を意味する「はつくにしらすすめらみこと」と呼んでいた。

しかし神武東征伝説ができたあと、神武天皇も「はつくにしらすすめらみこと」の敬称で呼ばれるようになった。

これから百数十年経たのちに、天武天皇の命令にもとづく国史の作製が始まった。それ作業は『日本書紀』の形で完成するが、『日本書紀』ではあらゆる記事にそれが起こった年代が記されることになった。

この作業がなされる中で、陰陽五行説の中の「辛酉《しんゆう》革命説」に従って神武天皇の即位二代が、紀元前六六〇年とされた。

しかし、古い伝承に基づいて書かれた崇神天皇以後の部分には手を加えられない。そこでそのために年代のつじつまを合わせるために、綏靖天皇と一〇代崇神天皇の間に架空の七代の天皇がおかれた。

しかし、その七代の治世に関する『旧辞』の記事はなかった。大王になったあとの綏靖天皇の伝承もない。そのために『古事記』や『日本書紀』は、欠史八代と呼ばれる綏靖天皇から開化天皇にいたる部分には物語を入れずに王家の系譜だけを記したのである。

第三章

天皇と大和朝廷

8 崇神天皇と垂仁天皇

三輪山の大物主神

前に説明したように、現在の皇室の先祖にあたる王家は、五世紀頃まで三輪山《みわやま》の大物主神《おおものぬしのかみ》を自分たちの祖先神としていた。

王家にとって最も重要な事柄は、大物主神の祭祀であった。大物主神とは、王家の先祖たちを指導者とする人間や動植物その他の大量の霊魂の集合体だと考えられていた。

そのような霊魂の集団は平素は三輪山におり、必要なときには人々と身近に築かれた大王を葬った古墳に降りてくるといわれていた。三輪山の登り口に拝殿が建てられて、現在のような大神神社の形ができたのは七世紀末である。

それまでは古墳が、現在の神社のような役割を果たしていた。古墳を訪れる三輪山の神は、人々に豊作をもたらす大和の地の守り神である「国魂の神」として信仰されていた。

王家では古くから、このような伝説が語り継がれていた。

「みまきいりひこ（崇神天皇）が三輪山の神の祭祀を始めた」

これをもとに『旧辞』の大物主神の祭祀の話がまとめられたのだが、『古事記』はそのあたりのことを次のように記している。

「崇神天皇の治世に、流行病が広まったために人々が大いに苦しんだことがあった。天皇が神々を招いて神託を伺うための祭りを行なったところ、大物主神が現われてこのように語った。

『意富多多泥古《おおたたねこ》という者に私を祭らせれば、疫病はおさまるであろう』

このあと崇神天皇は河内国美努村《みののむら》（大阪府八尾市《やお》）にいた意富多々泥古を探し出してきて大物主神を祭らせた。このとき天皇は物部氏の先祖にあたる伊迦賀色許男命《いかがしこをのみこと》に祭りに用いる土器をつくらせると共に、各地の天津神や国津神の社《やしろ》を祭らせた。これによって流行病はしずまった」

この話は、「大王（天皇）は国内のすべての神の祭祀を行なわねばならない」とする王家（皇室）の考えを踏まえて書かれたものである。大物主神は王家の守り神であるが、王家が自家の神を祭るだけでは災いはおさまらない。王家が国内のすべての神を祭ることによって、神々が力を合わせて人々を災いから守ってくれると考えられたのである。

これは王家が自家の信仰を豪族たちに強要せずに、豪族たちが祭る神を重んじ続けたことからくるものである。

「一国を治める権力をもっていても、人々に特定の信仰を押し付けるべきではない」

日本では、誰もがこのような考えを持ち続けた。

『古事記』は、三輪山の祭祀の開始に関連する形で、意富多々泥古の先祖にあたる活玉依毗売《いくたまよりひめ》が大物主神の妻になる話を記している。それは、美しい若者が毎晩、活玉依毗売のもとに通って来るところから始まっている。

まもなく活玉依毗売は妊娠したが、彼女は夫が誰だか分からなかった。そのため彼女の両親は、

「朝になって夫が帰るときに、夫の服の裾に赤い糸を付けた針を刺しておきなさい」

と教えた。

娘がこれに従ったので、父母は娘と共に赤い糸の続いていく方向を追っていった。すると糸の先が、三輪山のお社の中に入っていったことに気付いた。

そのため娘の夫が、三輪山の大物主神であることが明らかになったのだ。娘はこのあと櫛御方命《くしみかたのみこと》という神の子を生んだ。この櫛御方命が、意富多々泥古の曽祖父だという。

意富多々泥古は、大王の下で三輪山の祭祀を行なった大三輪《おおみわ》氏の祖先である。

これまで紹介してきたような『古事記』の物語は、大三輪氏の先祖にあたる女性が大物主神と妻となる形をとっている。

これに対して『日本書紀』は、王家の巫女を務める倭迹々日百襲姫《やまとととひももそひめ》が大物主神の妻になる次のような話を記している。倭迹々百襲姫は七代孝霊《こうれい》天皇の娘で、崇神天皇の大叔母にあたる人物である。

「倭迹々日百襲姫のもとに通ってくる、美しい若者がいた。かれはいつも暗くなったあとに

来て、夜明けになる前に帰っていく。

ある日、姫が『明るいところでお姿を見せて下さい』と頼むと、夫は『それならば明日の朝は小箱の中に留まっていましょう』と答えた。夜が明けたあと姫が小箱を開くと、中には美しい蛇がいた。姫が思わず驚きの声をあげると、夫は怒って三輪山に帰っていった。このあと姫は、哀しみのあまりに自殺した。そのため人々は姫を悼んで、彼女のために箸墓古墳という大きな古墳をつくった」

この話は、王家で古くから語り継がれてきたものであったのだろう。考古学者などは全長二〇〇メートルを超える古墳を「大型古墳」と呼ぶが、桜井市にある箸墓古墳は最古の大型古墳であった。王家の人々は、後々までその古墳は崇神天皇を補佐した巫女を葬ったところであることを記憶していた。そしてのちに、その墓にまつわる神婚譚が創作されたのだろう。

四道将軍の派遣

『古事記』は、崇神天皇による三輪山の祭祀の開始の話に続けて、将軍派遣の物語を記している。それは、次のような形をとっている。

「崇神天皇は、自分の叔父にあたる大毗古命《おおびこのみこと》を越の国に、大毗古命の子の建沼川別命《たけぬなかわわけのみこと》を東方の一二の国に派遣した。かれらの手で朝廷に従わない者を服従させるためである」

そしてこれとは別にこのような丹波平定の話が記されている。崇神天皇は弟の日子坐王《ひこいますのみこ》を丹波国に送って玖賀耳之御笠《くがみみのみかさ》という者を討たせた。

『日本書紀』には、ここに挙げた記事に対応する四道将軍派遣の話がある。それは、大彦命《おおびこのみこと》を北陸に、武渟川別命《たけぬなかわわけのみこと》を東海に、吉備津彦《きびつひこ》を西海に、丹波道主命《たんばみちぬしのみこと》を丹波に送ったというものである。この丹波道主命は、彦坐王（日子坐王）の子にあたる。

このような話は、六世紀末に阿倍氏によって、創作されたものだと考えられている。阿倍氏は、六世紀半ばから末にかけての時期に急速に勢力を伸ばした新興の豪族である。かれらは、北陸地方を中心に意欲的に地方豪族を同族団に組み込んでいった。

東海地方や山陰地方にも、中央の阿倍氏の配下の豪族がかなりみられる。阿倍氏は吉備氏の協力を得て吉備に出たあと中国山地を越えて山陰地方にも勢力を伸ばしたと推測できる。

このことから、吉備津彦を含めた四人の将軍を派遣する『日本書紀』の形が、四道将軍の伝説のより古い形を伝えたものではなかったかと考えられる。

ところで箸墓古墳がつくられたあと、地方に箸墓古墳の形式をまねた古墳が広まっている。これは王家が各地の豪族を王家を中心とする豪族連合に組み込んでいったことを物語ると考えられている。

王家に従った地方の豪族が、王家のものより小さい地位に応じた規模の古墳をつくるようになったのだ。考古学者は王家を頂上とした豪族連合のあり方を「前方後円墳体制《ぜんぽうこうえんふんたいせい》」と呼んでいる。

四道将軍の話は、箸墓古墳がつくられた崇神天皇の時代に王家の勢力圏が大きく拡大したことに関する記憶を踏まえてつくられたものであろう。

『古事記』は将軍の派遣の記事のあとに、大毗古命と建沼河別命が、会津で出会ったと記している。四道将軍の時代に、東北地方南部の会津まで大和朝廷の勢力圏になったというのである。

物言わぬ王子

『古事記』は、「みまきいりひこ」の名をもつ一〇代崇神天皇のあとに、実名を「いくめいりひこ」という一一代垂仁天皇が大王になったと記している。四世紀風の名前をもつ「みまきいりひこ」と「いくめいりひこ」は、実在の可能性の高い人物だとされている。

垂仁天皇は従妹にあたる沙本毗売《さほひめ》を妻にしていたが、沙本毗売の兄の沙本毗古王《さほびこのみこ》が反乱を起こした。そのため沙本毗古王と沙本毗売は、大王が送った軍勢に滅ぼされた。

沙本毗売が攻め滅ぼされる前に子供を生んでいたために、生まれたばかりの王子は本牟智和《ほんむちわ》気命《けのみこと》と名付けられて、このあと父のもとで育てられることになった。

ところが本牟智和気命は、あごひげが胸の前まで伸びる年齢になっても言葉が話せなかったと『古事記』に記されている。あれこれあったのちに、垂仁天皇に夢の中で出雲大社の次のような神託を受けたという。

「私の社《やしろ》を、大王の御殿のような立派なものにつくり直してください。そうすれば王子は、必ず物を言うようになります」

本牟智和気命はこの神託に従って、多勢のお供を連れて出雲に向かい、出雲大社に参拝した。王子がお参りをすませたあと出雲の国造の祖先にあたる岐比佐都美《きひさつみ》という者が、新たな御殿に王子を招いて歓迎の宴をひらこうとした。

すると王子は新たな御殿を見て、はじめて声を発したと『古事記』は記している。

ここに紹介したような「物言わぬ王子の話」は、垂仁天皇のときに出雲の豪族たちが大和朝廷の支配下に入ったという史実を踏まえて創作されたものとみられる。垂仁天皇の治世に相当する三三〇年頃から三五〇年頃にかけて、古墳が出雲の各地に広まっていることは、その史実に対応するものである。

王家は出雲氏を従えたときに、かれらにこう約束したのだろう。

「王家が今後、出雲の大国主命の祭祀に手厚い保護を加えていく」

「物言わぬ王子の話」は「三輪山の祭祀の話」と同じく、王家に古くから伝わった話であったとみられる。そして「ほむちわけ」というのも、四、五世紀風の名前である。古い時代の王家に、「ほむちわけ」を「いくめいりひこ」の次の大王とする伝承があったのかもしれない。

地方豪族ゆかりの神社

この項で取り上げた時代の大王や王族を祭神とする神社は、ほとんどみられない。しかしこの時代の『古事記』の記事に出てくる有力豪族の始祖を祭る神社は、いくつかある。そのような神社は、各地の豪族が自家の祖先を土地の守り神として祭ってきたものである。

◉田村《たむら》神社（香川県高松市）

祭神……田村大神（倭迹々日百襲姫命、五十狭芹彦命《いさせりひこのみこと》、猿田彦大神、天隠山命《あめのかぐやまのみこと》（高倉下命）、天五十田根命《あめのいたねのみこと》

ここは、五柱の神を合わせて田村大神として祭る神である。この神社は奈良時代に創建されたと伝えられ、平安時代には讃岐国で最も格の高い讃岐《さぬき》の一宮とされた。

◉大直禰子《おおたたねこ》神社（奈良県桜井市）

祭神……大直禰子命（若宮、意高多多泥古）

ここは大神神社の神宮寺（神社に付属する寺院）だった大御輪寺《だいごりんじ》が明治の神仏分離のあとに神社となったところである。大神神社の氏子は、この神社を親しみを込めて「若宮さん」と呼んでいる。

◉敢国神社《あえくに》（三重県伊賀市）

祭神……敢国津神《あえくにつかみ》（大彦命）

この神社は、古代の伊賀の有力な地方豪族であった阿閉《あえ》氏の氏神であったところである。中央の阿倍氏が東海道方面に勢力を拡大したとき、伊賀の阿閉氏と伊賀氏が、阿倍氏の同族団に組み込まれた。

そのため阿閉氏が大彦命が始祖だと唱えるようになり、かれらが祭ってきた敢国津神という土地の守り神の祭神が大彦命と同一の神とされるようになったのである。

この神社には、敢国神社の北方にある御墓山古墳が大彦命の墓とする言い伝えがある。

◉吉備津《きびつ》神社（岡山市）

祭神……大吉備津彦命

この神社は、大吉備津彦命の子孫にあたる吉備一族が、吉備の総鎮守として祭ってきたところである。この吉備津神社には、仁徳天皇の勅命によって当社がつくられたとする伝承もある。

古代史コラム

箸墓古墳は誰の墓？

厳密に言えば、現在のところ箸墓古墳の被葬者が誰かを確かめる方法はない。そこが宮内庁の管理下の陵墓で、むやみに発掘することが禁じられているからである。

しかし『日本書紀』には、箸墓を王家の有力な巫女であった倭迹々日百襲姫の墓だとする伝承が記されている。『日本書紀』は壮大な箸墓古墳の築造のことを、次のように表現している。

「是の墓は、日《ひる》は人作り、夜は神作る」

神々の助けがなければできない、立派な古墳だというのである。

また次のようにも記している。

「大坂山の石を運んで箸墓をつくった。このとき山より古墳の麓まで人を並ばして、手渡しで石を運ばせた」

このような記事の内容は、古くから語り伝えられてきた伝承をもとにした『旧辞』の面影を残したものだと評価できる。

それゆえ私は、現在の時点では倭迹々日百襲姫を葬るために箸墓古墳が築かれたと考えている。しかし将来、そこに被られた人物の人骨鑑定によって、「箸墓古墳は男性を葬った古墳である」という史実が明らかにされるかもしれない。

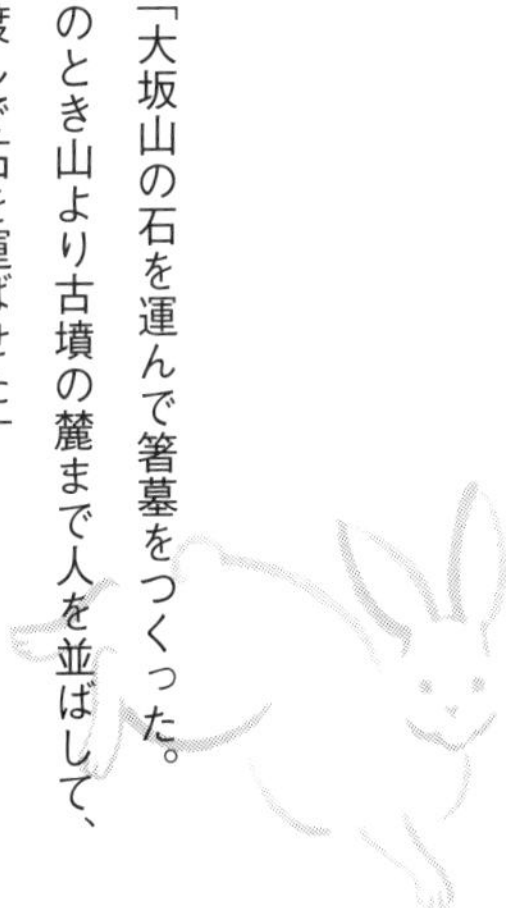

古い時代の古墳の被葬者を特定するのは、

きわめて難しい。古墳の年代やその規模などから、そこの被葬者である可能性の高い人物の名前を挙げられているのに過ぎないのだ。

ところで、かつて、「箸墓古墳は、邪馬台国の女王卑弥呼の墓である」とする説が出されたことがある。現在ほど古墳研究が進んでいない時代に、邪馬台国大和説をとる研究者が神託によって邪馬台国を治めた卑弥呼と倭迹々日百襲姫とを結びつけたのである。

しかし最新の考古学の研究では、箸墓古墳は二八〇年頃の古墳だったとされている。ところが邪馬台国のことを記した「魏志倭人伝」には、卑弥呼が二五〇年あたりに亡くなったことが記されている。

これでは、箸墓古墳を卑弥呼の墓とするわけにはいかない。

現在のところ考古学者の多くは、箸墓の出現によって古墳の性格が大きく変わったという立場をとっている。箸墓古墳より前の古墳は、あくまでも大和という一地域の特別の墓だと考えられていた。

しかし王家は箸墓古墳を築くときに、そこに各地の豪族墓の特性を組み込んだ。そして箸墓という前方後円墳を豪族墓の基本型として定めてそれを全国に広げていこうとした。

こういった箸墓古墳の特性の研究がすすめば今後、箸墓古墳の被葬者がみえてくるかもしれない。

9 倭健命の遠征

大碓命と二人の美濃の娘

『古事記』は、一一代垂仁天皇のあとに「おしろわけ」の名前をもつ第一二代景行《けいこう》天皇がたったと記している。

四、五世紀の天族や豪族で、「別《わけ》」という敬称を用いた者が多くみられる点から、「おしろわけ」は四世紀に実在した大王か王族であったと考えても良い。

しかし、今となっては「いくめいりひこ」（垂仁天皇）の後継者が「ほむちわけ」であったかを明らかにすることはできない。『古事記』などは「おしろわけ」を「ほむちわけ」の異母弟としている。

この景行天皇は子沢山で、八十人の王子をもうけたという。景行天皇はそのうちの若帯日子《わかたらしひこ》命、倭建命《やまとたけるのみこと》、五百木之入日子命《いおきのいりひこのみこと》の三人を太子として手許に残し、あとの王子はすべて国造などの地方官にして各地に送ったと『古事記』は記している。

倭建命は、各地に遠征して手柄を立てた英雄だが、かれの名ははじめは、小碓命《おうすのみこと》といったとある。この小碓命には、大碓命《おおうすのみこと》という兄がいた。『古事記』の倭建命の物語は、小碓命と大碓命の争いの話から始まっている。

その争いは、次のような経緯で起こったものである。

「大王が美濃に兄日売《えひめ》、弟比売《おとひめ》という美しい姉妹がいると聞いて、王宮に招いて妻にしようと考えた。このとき大碓命が二人の娘を迎える使者を務めたが、かれは二人を気に入って自分の妻にしてしまった。

大碓命は自分の悪事を隠すために、別の二人の娘を兄比売、弟比売に仕立てて父のもとに送った。ところが景行天皇は、二人の娘を偽物と見抜き、彼女たちを相手にしなかった」

父に背いて兄比売、弟比売を妻にした大碓命は、父と顔を合わせづらくなって、屋敷にこもって過ごしていた。こういった情況が続いたあと、小碓命が思いもよらない振る舞いに及んだと『古事記』は記している。

ある日、景行天皇は小碓命にこのように命じた。

「あなたから兄の大碓命に、王宮の朝夕の食事に姿を見せるように言い聞かせて下さい」

ところがそれから五日経っても大碓命は王宮の食事の席に姿を見せなかった。そこで景行天皇は、小碓命に「あなたはちゃんと話したのですか」と尋ねた。

すると、小碓命はさらりとこう答えたという。

「兄をつかまえて、なぐり倒して、薦《こも》に包んで捨てておきました」

このことがあってから、景行天皇は気性の荒い小碓命を疎ましく思うようになったと『古事記』は説明している。父に嫌われたために小碓命は、危険な辺地を平定するために派遣されることになったと言うのである。

『古事記』はこのような形で、倭建命を悲劇の英雄として描いている。これに対して『日本書紀』は、日本武尊《やまとたける》（倭建命）が皇室のために自らすすんで将軍の役を引き受けたとする形をとっている。

『古事記』の記述からは、小碓命が大碓命を殺してしまったようにも解釈できる。しかし『日本書紀』には、日本武尊の兄殺しの話は記されていない。

その代わりに次のような、大碓皇子《おうすのみこ》（大碓命）が臆病だったために、美濃国に追われた話が

景行天皇と倭健命の関係

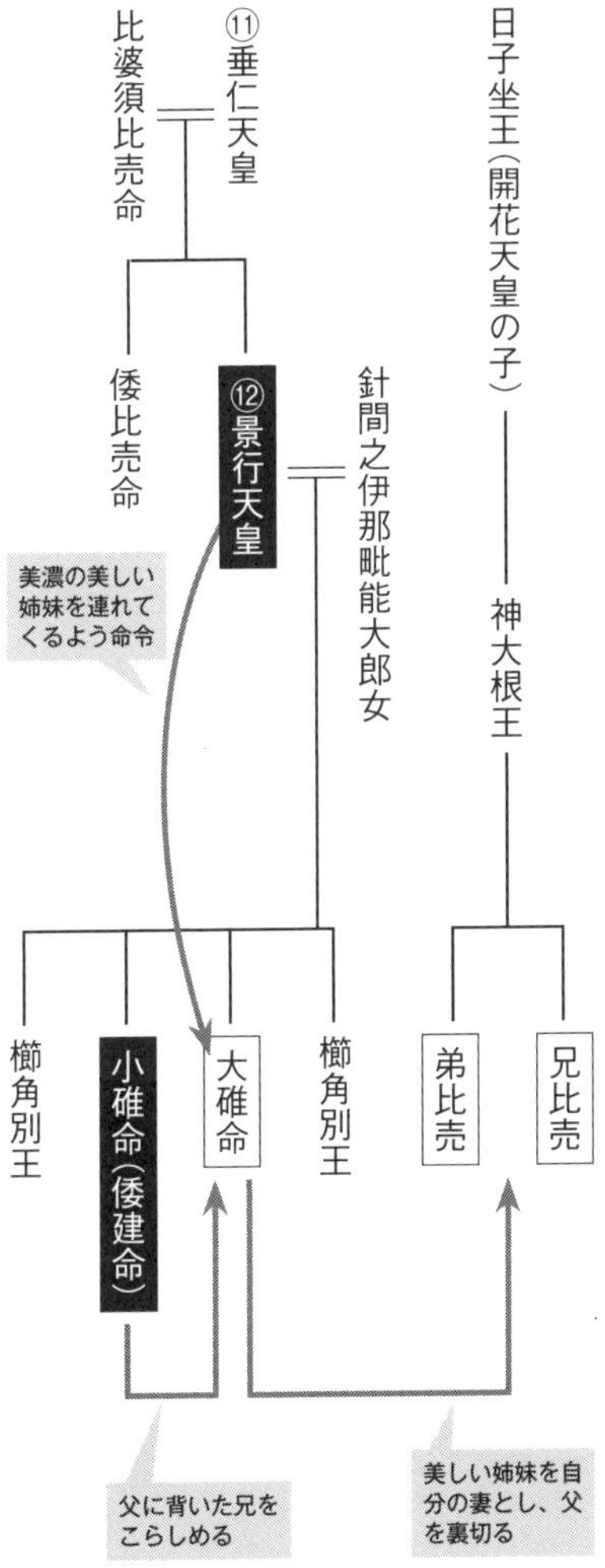

書かれているのだ。

「景行天皇が大碓皇子に蝦夷平定の将軍の役目を言い付けたところ、かれは恐ろしさのあまりその場から逃げ出して草の中に隠れてしまった。

そこで大王は兵士を送ってむりやり大碓皇子を連れて来させて、さんざん罵った。このあと大王は、美濃に領地を与えて大碓皇子を王宮から追放した」

この大碓皇子が、美濃の身毛津《むげつ》氏と近江の守《もり》氏の二つの中流豪族の祖先にあたると『日本書紀』にある。

『古事記』にも、大碓命が美濃の宇泥須《うねす》氏と牟宜都《むげつ》氏の先祖だとする記事がみえる。大碓命は、美濃のいくつかの豪族の祖先にあたる実在性の高い人物であったと考えられる。美濃の豪族の間に、このような伝承があったのだろう。

「景行天皇が有能な小碓命を手許に残し、兄を美濃に送った」

私は、「近畿地方東辺部」と呼ぶべき、近江、美濃、越前の三国に王家の子孫と称した中流豪族がいくつかみられることに注目している。そのあたりは、四世紀はじめから有力な古墳が広まる、初期の大和朝廷と深い関わりをもった地域であった。

王家は四世紀に何人かの王族を畿内東辺部に送り、その地域に対する支配を強化したのであろう。畿内東辺部の中流豪族の祖先とされる人物として、大碓命のほかに垂仁天皇の子の磐衝《いわつく》別王《わけのみこ》と応神天皇の子の若沼毛二俣王《わかのけのふたまたのみこ》が挙げられる。

あとで述べるように倭建命伝説は、多くの王族の事跡を一つにまとめてつくられたものである。そして倭建命のモデルの一人に、近畿地方東辺部の中流豪族の祖先となった皇子の弟がいたと考えて良い。

倭建命の西征

『古事記』は勇猛な小碓命を怖れた景行天皇が、小碓命に九州南端にいる熊曽建《くまそたける》の兄弟を討つように命じたと記している。『古事記』にはそのほかに、倭建命が九州遠征の帰途に山陰にまわって出雲建《いずもたける》という乱暴者を倒す話もみえる。

しかしそのような倭建命の西征の話は、もとの倭建命の伝説にあとから加えられたものだと考えられている。

素朴な形の歌物語を集めた倭建命の東征の話は、六世紀はじめ頃にできたと考えて良い。ところが単純なつくりの倭建命の西征の話は、『旧辞』の原型がまとめられた前後の七世紀半ば頃に書き加えられた物語であるらしいのだ。

『古事記』の倭建命の西征の話は、小碓命が伊勢神宮にいる叔母の倭比売命《やまとひめのみこと》のもとを訪れるところから始まっている。倭比売命は垂仁天皇の娘で、父の命によって天照大御神の祭祀を行なってきた女性である。伊勢神宮ができるのは七世紀末である。だから、倭建命の西征伝説が書かれた七世紀半ばには、倭建命が伊勢神宮ができる前に王家が太陽神を祭った笠縫邑《かさぬいむら》に行く形をとっていたとみられる。

『古事記』は、倭比売命は、自分が身に着けていた上質の女性の服と短剣を小碓命に与えたと記している。

熊曽の地に着いた小碓命は、叔母からもらった服で女装して、熊曽建の兄と弟が住む屋敷で開かれた宴会に紛れ込んだという。少女になりすました小碓命は、熊曽建の兄のそばに寄っていって、相手のすきをついて短剣で刺し殺した。

それを見た熊曽建の弟は逃げ出したが、すぐさま小碓命に捕らえられて刺された。かれは死ぬ前に、自分が名乗る「勇者」を意味する「たける」の名前を小碓命に与えた。これによって小碓命は「倭建命」と名乗るようになったという。

ここに記したような熊曽遠征の話は、天照大御神の霊験談の形をとるものである。それは人々に、このように説くものだ。

「小碓命は、叔母が授けた天照大御神の加護を受けた衣装と短剣の力で熊曽建をたおした」

だからその話には、小碓命の軍勢が熊曽の軍勢と戦う場面が全くない。そして熊曽建の兄弟だけが討たれたところで、熊曽の人々は倭建命に従ったとされるのである。

倭建命の西征伝説に出てくる熊曽は、日向、大隅、薩摩《さつま》を合わせた地域を支配した有力な勢力として描かれている。しかし「くまそ」なるものが存在したことを示す確かな文献はない。

朝廷は七世紀半ばから、九州南端の隼人の居住地に勢力を伸ばしていた。このときの隼人との対立の中で王家の人々が、こういった内容の話を創作したのだろう。

「倭建命が隼人より前に隼人の居住地を支配していた熊曽を従えた」

『古事記』は、熊曽を従えたあと倭建命があちこちの荒ぶる神を祭って、豪族たちを従えながら出雲に向かったという。

このあと倭建命は出雲建の屋敷を訪れ、出雲建と仲良くなった。かれはあらかじめ木で作った見栄えの良い偽物の大刀を用意して、出雲建《いずもたける》を水浴びに誘った。

二人が服を脱いで斐伊川を泳いだあと、先に河原に上がった倭建命は素早く服を着て出雲建の大刀を取ってこう言った。

「大刀の取り替えっこをしませんか」

出雲建がこのあと服を着けて木刀を取ったところで、倭建命はこう声をかけた。

「どちらが強いか、大刀合わせをしましょう」

倭建命は刀を抜いたが、出雲建の刀は抜けない。倭建命はかれが慌てているところを、一大刀で斬り倒したという。

このあと倭建命は、出雲建を追悼する次のような和歌をつくり、兵士と共にしめやかに歌ったと『古事記』に記されている。

「川藻茂れる出雲の国の、ならぶ者なき武士《もののふ》の、つづら飾れる麗《うるわ》し大刀は、身なき業物《わざもの》お気の毒」

自分の手にかけざるを得なかった勇者を称えて、相手のことを「出雲建（ならぶ者なき武士）」と呼んで敬ったのだ。

『日本書紀』では同じ和歌は、出雲氏の振根《ふるね》との飯入根《いいいりね》の兄弟の争いのときに詠まれたものだと記している。飯入根が兄のだまし討ちにあって命を落としたので、出雲の人々が飯入根を「出雲たける」と呼んだ上でその死を悼んだというのだ。倭建命の出雲遠征の話は、出雲に古くから伝わる和歌を用いて七世紀半ばにつくられたものであろう。

倭建命の東征

倭建命伝説の最も古い部分は、これから紹介する倭建命の東征の話とそれに続く「倭建

倭建命　西征東征の道のり

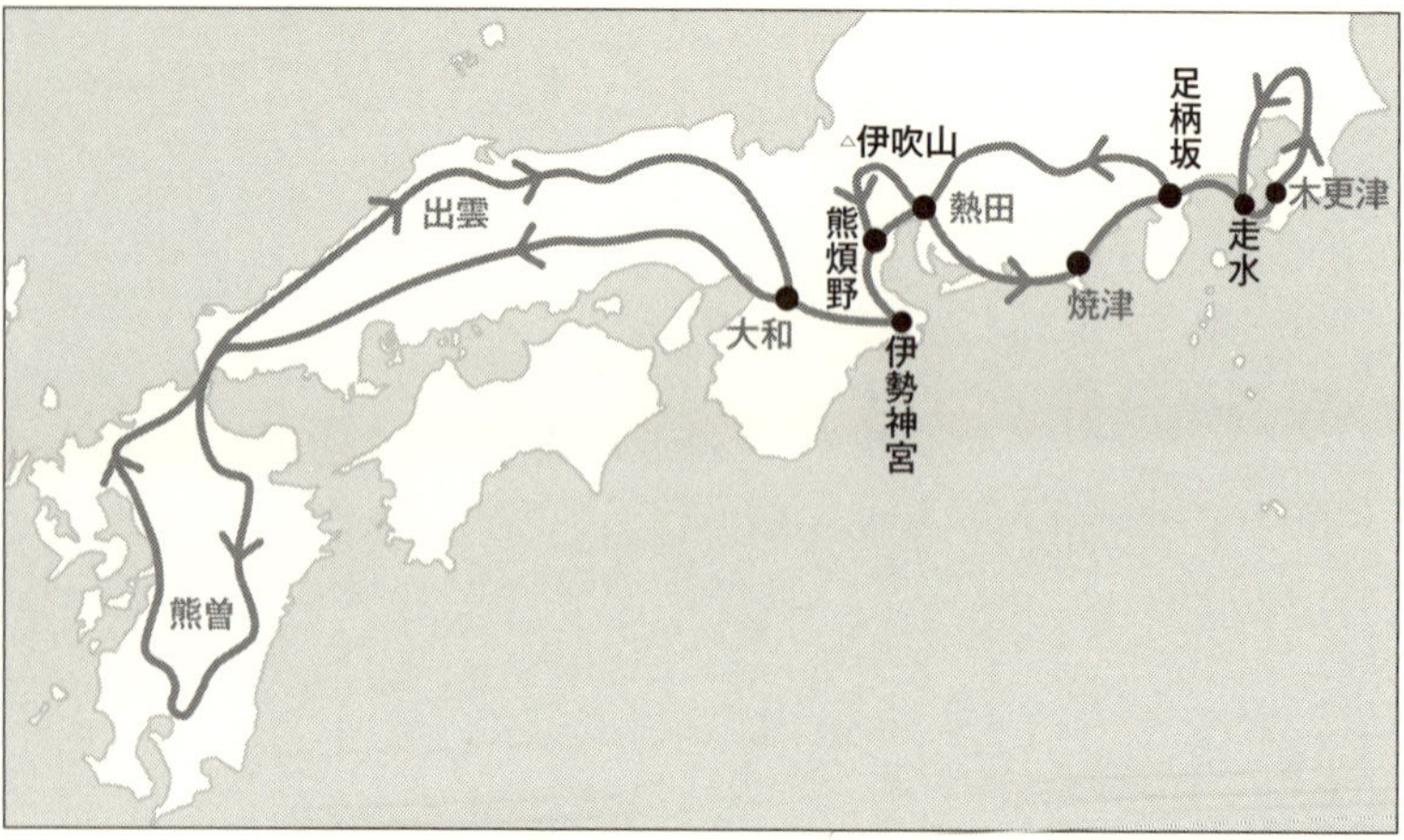

命の最期の話」とからなるものであった。

私はそれらの内容を紹介する前に、最初の倭建命伝説が、天照大御神《あまてらすおおみかみ》と霊剣草薙剣の霊験譚として構想されたものである点に注目しておきたい。

倭建命は東国で火に囲まれたときに、草薙剣を用いて助かった。そしてかれは尾張で草薙剣を手放したために、伊吹山の山の神の祟りにあって亡くなるのである。

このような草薙剣は、天照大御神の祭祀を担当していた倭比売命《やまとひめのみこと》から倭建命に授けられたものだという。

『古事記』の倭建命の東征の話は、景行天皇が息子に次のように命じたことから始まっている。

「東の方《かた》十二道の荒ぶる神とまつろわぬ人どもを言向《ことむ》け和平《やわ》せ（東方の十二国の悪い神や大王に従わない豪族たちを説き従えてきなさい）」

私はここに「説き従えよ」とある点を重視したい。大王は、「従わぬ敵と戦ってかれらを討ち果たせ」とは言っていないのだ。

かつて大和朝廷では、何人もの王族が地方豪族との交渉のためにあちこちに送られていたと考えて良い。かれらは相手に対して相手が住む土地の神を祭ることによって相手に対して敬意を示した。そののちに、

「王家を中心とする豪族連合に加われば、有利な条件で中央と交易できる」

と言ってかれらと交渉したのだ。このような地方豪族との交渉役の王族に関わるさまざまな伝

承をもとに、倭建命伝説がまとめられたのだ。

倭建命は大和を出たあと、伊勢の倭比売命を訪れた。このとき彼女は、

「火急のときは、これを開きなさい」

と言って一つの袋を渡した。

このあと倭建命は尾張に入り、そこを治める尾張氏の娘の美夜受比売《みやずひめ》と出会った。かれはこの美しい娘を気に入り、「帰りに夫婦になろう」と約束した。

さらに倭建命は、相模《さがみ》に着き、そこの豪族に広い野原の中に誘い込まれてしまった。このとき豪族は家来たちに、野原の四方に火をつけさせた。

火がみるみる倭建命のところに迫って来る。このときかれは、叔母からもらった守り袋を開いた。そこには、天叢雲剣と火打ち石が入っていた。

天叢雲剣は、高天原にいる建御雷神《たけみかづちのかみ》が、伊波礼毗古命《いわれびこのみこと》に授けた神剣である。伊波礼毗古命は神剣の守りのおかげで、大和の地を平定できた。

倭建命はただちに事態を了解し、剣であたりの草を刈り取って積み上げ、火打ち石でそこに火をつけた。すると風向きが変わり、火は倭建命のいるところの反対側に向かっていた。

この山野の火事から逃れる方法を、「向火《むかいび》」という。倭建命は、このあと悪巧みをした豪族を成敗した。

倭建命はさらに進み、三浦半島から海を渡って房総半島に行こうとした。ところが海の神が

怒って激しい嵐を起こした。

このとき倭建命の妻の一人である弟橘比売命《おとたちばなのひめのみこと》が、船に乗っていた。彼女は、

「私が身を捧げて、海神の怒りをしずめます」

と言って、海に畳を浮かべた上に乗ってゆっくり沈んでいった。

すると風雨がおさまり、倭建命の一行は無事に上総の海岸に着いた。この七日後に、弟橘比売命が身に付けていた櫛が波打ち際に流れ着いた。倭建命はこの櫛を拾い、お供の者に櫛を葬った古墳を築かせて、そこを妻の墓とした。

『古事記』は『旧辞』などにあるさまざまな伝承を集めて、このような倭建命の東征の物語をまとめたのだ。ここに記したような倭建命伝説は、このような天照大御神の祭祀と深い関わりをもつものだとみて良い。

継体天皇は、六世紀はじめに天照大御神の祭祀を始め、娘の荳角皇女《ささげの》を太陽神を祭る斎宮とした。王家はこれから間もなく、こういった話を広めた。

「垂仁天皇が天照大御神の祭祀を開始し、娘の倭比売命を斎宮に任命した」

このような形で継体天皇が天照大御神を皇祖神にして間もない時期に、天照大御神の霊験譚である倭建命伝説が構想されたのだ。

このような背景で考えるなら、倭建命伝説に出てくる大碓、小碓という名前の兄弟が実在した可能性が高くなる。その二人の名前を、五世紀後半から六世紀はじめのものとみても不思議

ではないからだ。しかも身毛津氏などの存在からみて、大碓（皇子）が実在したことは確かである。

多分、五世紀後半頃に父に能力をかわれて東方に派遣された小碓という王子が存在したのだろう。かれは、大和に戻る前に病気などで亡くなったのではあるまいか。

倭建命の最期

倭建命は関東を巡って任務を終えたあと、足柄峠を越えて大和に向かった。このとき遠くに海が見えた。かれは亡くなった妻の弟橘比売命のことを思い、「あづまはや（我が妻よ）」と叫んだ。このことによって足柄峠より東方が「吾妻国《あづまのくに》」と呼ばれるようになったと、『古事記』は記している。

倭建命はそこから、甲斐、信濃、美濃を経て尾張に入り美夜受比売の屋敷に立ち寄った。このあと二人は再会を喜び合い、約束どおり夫婦になったという。

『古事記』が記すこのような倭建命の遠征路は、五世紀末あたりの大和朝廷の勢力圏と一致する。その時代に大和朝廷の勢力は、北陸方面に十分に及んでいなかった。

そのために、倭建命が北陸地方で活躍する話が書かれなかったのである。五世紀末頃の大和朝廷の北陸の勢力圏の拡大は越前のあたりで止まっていた。そして六世紀に入ったあと、阿倍氏などのはたらきによって大和朝廷の勢力は加賀から越中へとのびていくのである。

『古事記』は倭建命と美夜受比売との再会の話に続けて、倭建命の最期の物語を記している。それは近江の農民が、倭建命のもとに来て、「伊吹山《いぶきやま》の悪い神を退治してください」と頼むところから始まっている。このとき倭建命は山の神をあなどり、「素手で山の神を従えてやろう」と言って、草薙剣を美夜受比売のもとに残して出かけていったとある。

前にも述べたように、この部分は神剣、草薙剣の霊験を強調するために書かれたものである。それは、このように語りかけるものである。

「倭建命は草薙剣のおかげで、無事に東国遠征をやりとげた。しかし、かれはその神剣を手放したために、大和朝廷の本拠地に近い近江で災難に遭うことになった」

『古事記』は、倭建命は供の者を伊吹山の麓に残し、一人で山を登っていったという。すると、一匹の大きな白い猪が出てきた。これはじつは、山の神が猪の姿に化けたものであった。

倭建命はその猪を見て、それは山の神の家来だと考えた。だから先に山に登って山の神を退治しようとした。このとき山の神は自分が侮辱されたと思って、大いに怒った。

かれは倭建命が山の頂上に着いたところを狙って、毒気を含んだ雹《ひよう》を降らせてきた。倭建命はこれによって大いに傷ついたと『古事記』は記している。

このあと傷ついた倭建命の、大和に向かう旅の話になる。伊吹山の神の話は、神つまり山の自然の力をあなどってはならないと人々に教えるものである。

山の神、川の神などを敬意をもって祭れば、自然は人々にさまざまな恵みを授けてくれるというのである。

『古事記』は、伊吹山を降りた倭建命は尾張には戻らずに美濃に入ったという。そこから倭建命は伊勢に入り、ゆっくりと進んでいった。

しかし能煩野《のぼの》（三重県鈴鹿市）に着いたところで、倭建命は力尽きたという。このとき倭建命は、四首の和歌を詠み上げたと『古事記』は記している。

この中で最後に詠まれたのが、次の和歌であった。

「おとめの床《とこ》のべに、我が置きし剣の大刀、その大刀はや（愛する人のそばに置いてきた剣よ、すばらしい剣よ）」

これは自分の死期を悟った倭建命が、草薙剣にこれから末永く美夜受比売を守って下さいと呼びかけた和歌だと解釈できる。

倭建命伝説にふれた大和朝廷の人々は、このように考えたにちがいない。

「草薙剣は、倭建命が最後の和歌によって尾張氏に託された神剣である。草薙剣は、本来は天照大御神の祭器であった。しかし倭建命の和歌があったから、王家は尾張氏から草薙剣を取り戻そうとしなかったのだ」

倭建命伝説がつくられた六世紀はじめの王家に、尾張氏出身の有力な后がいた。尾張草香《くさか》の娘の目子娘《めのこのいらつめ》が二六代継体天皇の妻になって、二七代安閑《あんかん》天皇と二八代宣化《せんか》天皇の母になっているのである。

前にも記したように王家の宝器であった草薙剣がなぜ尾張氏の手で祭られるようになったかは明らかではない。もしかすると尾張目子郎と何らか関連する形で、神剣が尾張に移されたのかもしれない。

成務天皇と仲哀天皇

『古事記』は倭建命が遠征の帰途で亡くなったために、倭建命の弟の若帯日子《わかたらしひこ》が大王になったと記している。かれは、葛城氏や蘇我氏の先祖とされる建内宿禰《たけのうちのすくね》を大臣《おおおみ》に任命した。そして各地に国造、県主という地方官をおき、国々の境界を定めたという。

地方の有力豪族が国造に、中流豪族が県主に任命されたというのである。

『日本書紀』には、成務《せいむ》天皇と武内（建内）宿禰は同じ日の生まれだったので、天皇はとくに武内宿禰を重んじたと記している。

前に記したように、景行天皇の王子の多くが国造、県主となった伝承もある。しかし成務天皇の治世に地方政治が整えられたという歴史観は、朝廷の地方行政の整備が本格化した七世紀半ばの天智天皇の時代のあたりにつくられたものらしい。

『古事記』は、成務天皇が亡くなったあとに、倭建命の子の帯中日子《たらしなかつひこ》が大王になったと記している。仲哀《ちゅうあい》天皇である。

この天皇は、息長帯比売命《おきながたらしひめのみこと》（神功《じんぐう》皇后）を妻に迎えて、妻と共に筑紫《つくし》（九州）に赴いて熊曽の国を討とうとしたという。

ここに記した成務天皇、仲哀天皇と神功皇后は、七世紀末頃に新たに創作された人物であると考えられている。

七世紀末前後の王家（皇室）に、「たらしひこ」、「たらしひめ」という敬称を含む人物が何人かみられるからである。「たらしひこ」、「たらしひめ」とは、満ち足りた男性や女性を意味する言葉である。

天皇の敬称の一つに、「天帯日子《あめのたらしひこ》（天下を治めるあらゆる才能に満ちあふれたお方）」という言葉もある。

景行天皇の実名は「おしろわけ」であったが、のちにそれに「おおたらしひこ」の敬称が付けられて「おおたらしひこおしろわけ」になった。成務天皇の実名「わかたらしひこ」は、「おおたらしひこの子供」を表わす一般名詞にすぎない。

仲哀天皇の「たらしなかつひこ」は、中継ぎの大王を表わす言葉である。

倭建命伝説と神功皇后伝説を王家の歴史に組み入れるために、七世紀末頃に王家の系譜に成務天皇と、仲哀天皇が加えられたのである。

倭建命ゆかりの神社

倭建命は日本人に人気のある神様の一つで、全国の大鳥《おおとり》神社、鷲《おおとり》神社で広く祭られている。東京の商人は大鳥神社の酉《とり》の市《いち》で、大阪の商人は今宮戎神社の十日戎《とおかえびす》で一年の商売繁盛を願う。このほかに、倭建命関係の倭比売命、弟橘比売命、美夜受比売を祭る神社もある。

◉倭姫宮《やまとひめのみや》（三重県伊勢市）

祭神……倭姫（比売）命

この神社は、最初に斎宮となり伊勢神宮を起こしたと伝えられる倭姫命を祭る神社で、伊勢神宮の境内にある伊勢神宮の別宮の一つである。創建は比較的新しく大正一二年（一九二三）になる。

◉大鳥《おおとり》大社（大阪府堺市）

祭神……日本武尊（倭建命）、大鳥連祖神《おおとりのむらじおやがみ》

社伝では、八尋《やひろ》の白鳥となった日本武尊の御霊が、河内の旧市（大阪府羽曳野市の古市）に降り立ち、当所に留まったので社を建て祭ったことが起源とある。古代にこのあたりを治めた天児屋根命の子孫と称した大鳥氏の祖先神もここに祭られている。以来、今日まで和泉国の一宮として重んじられている。

◉鷲《おおとり》神社（東京都）

祭神……天日鷲命《あめのひわしのみこと》、日本武尊（倭建命）

この神社は、一八世紀半ば頃に江戸の酉の市の発祥地となった神社である。そこはもとは台東区のあたりを開拓した神である天日鷲を祭る神社であった。のちに日本武尊が東国遠征のときにここに参ったとする伝承がつくられて、日本武尊も合祀された。

◉焼津《やいづ》神社（静岡県焼津市）

祭神……日本武尊（倭建命）

倭建命が草薙剣を使って向火を焚いて難を逃れたとされる地につくられた神社。

◉走水《はしりみず》神社（神奈川県横須賀市）

祭神……日本武尊（倭建命）、弟橘媛命

この神社の正確な起源は不明である。ここの村人が日本武尊から授かった冠を御神体にしてこの神社を起こしたと社伝にある。

◉橘樹《たちばき》神社（千葉県茂原《もばら》市）

祭神……弟橘比売命

ここは、弟橘比売命の櫛を葬った地につくられた神社だと伝えられている。神社の本殿の裏に弟橘比売命の御陵とされる古墳もある。

◉氷上姉子《ひがみあねこ》神社（名古屋市）

祭神……宮簀媛命《みやすひめのみこと》（美夜受比売）

美夜受比売が草薙剣を祭ったところだと伝えられる神社。現在は熱田神宮の境外摂社になっている。

古代史コラム

「ヤマトタケル」は実在したのか？

『古事記』が記すような「ヤマトタケル」伝説は、大和朝廷に伝わってきたいくつかの歌物語をつなぎ合わせてつくられたものである。その中には古くから和歌を含む話として語り継がれた物語もあれば、人々の間に歌い継がれてきた和歌に物語を加える形で、比較的新しい時期に創作されたものもある。

さらに前にも記したように、倭建命の西征の話は、倭建命の東征の物語がかなりの期間伝えて来られたのちに付け加えられたものである。

東征の物語の中の倭建命は、草薙剣の呪力に助けられたり、伊吹山の神の祟りにあったりする神々の住む世界で生きた人間のようにみえる。しかし倭建命の西征の話の中には、神々が関わる呪的な物語はほとんどみられない。

ヤマトタケルとは、このようなさまざまな伝承を踏まえてつくられた架空の人物なのである。

しかしかれの物語のモデルとなったかなりの数の王族がいたと考えて良い。「やまとたける」という言葉自体が、「大和から来た勇敢なお方」を表わす単なる敬称にすぎないのである。

かつて、王族将軍の行動をもとにしたヤマトタケル伝説が、多く語り継がれていたのであろう。そういった伝説の中で、のちに景行

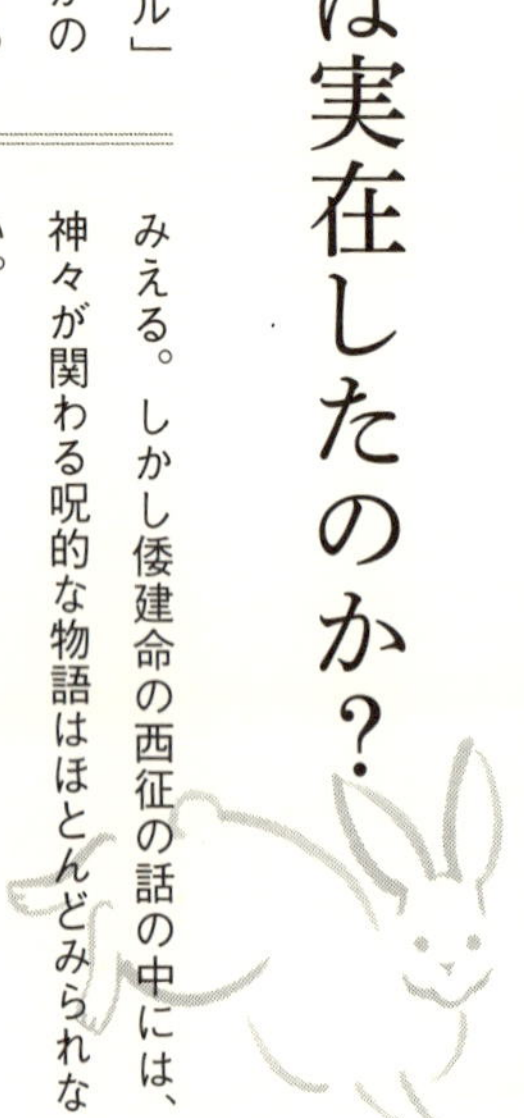

天皇や仲哀天皇を主人公とする話に書き換えられたものもある。

『古事記』のもとになった倭健命の東征伝説では、倭健命は女性に好まれる魅力ある人間として描かれている。だからその話に弟橘比売命、美夜受比売のような個性の強い女性が登場するのである。

『常陸国風土記』には、「倭武天皇《やまとたけるのすめらみこと》」を主人公とした伝承がいくつか記されている。前に倭武天皇が妃と共に誓約狩りをした話を紹介しておいた。それは中央の倭建命伝承がつくられたあとに、常陸の人々が創作した物語であったとも考えられる。

しかしそうではなく、中央から来た王族の常陸の中の特定の地域での行為が伝説化されて「倭武天皇」の話になったとすべき例もある。鹿島神宮の近くの乗浜《のりはま》という、霞ヶ浦の湖岸の地に関する次のような伝承がある。

「倭武天皇がここに来られたときに、多くの海苔《のり》が干されているのを御覧になられた。そこで乗浜の地名ができた」

常陸をあちこち巡った王族で、海苔を干される様子に興味をもった者が実際にいたのかもしれない。

かつて五世紀以前の王族将軍の行為をもとにしたヤマトタケルの伝説が、きわめて多く伝えられていたのであろう。『古事記』の物語は、その中のごく一部に、さまざまな脚色を加えてまとめたものなのである。

10 神功皇后と応神天皇

神功皇后の三韓遠征

『古事記』の神功《じんぐう》皇后の三韓遠征の話は、神功皇后に神託があったところから始まっている。仲哀天皇が熊曽を討つために筑紫の香椎宮《かしいのみや》（福岡市）にいたときに、皇后が神がかりになってこのように語ったという。

「西の彼方に豊かな国があります。私はその国を天皇に授けようと考えています」

ところが神託を疑った仲哀天皇は、急逝してしまった。そこで神功皇后は、仲哀天皇の葬礼を始めた。それと共に、

「国の大ぬさ取りて（神々に多くの捧げものをして）」、「国の大祓いして（国じゅうの穢れを祓って）」改めて神託を伺ったという。

この神功皇后の三韓遠征の神話の中でも、神道が重んじる祓いの重要性が説かれている。前に記したように神代には、伊邪那岐命《いざなぎのみこと》の禊ぎ祓いと須佐之男命《すさのおのみこと》の受け祓いの神話がある。

そしてそれからはるかな年月を経た人代のこととして、神功皇后の大祓の伝説が記されたのである。皇后は神託を疑った夫の罪を清め、亡き仲哀天皇の死の穢れをしずめるために、多く

の供え物を神職に与えて大祓いを行なった。

　そして穢れを落としたきれいな身体になったのちに、あらためて神託を求めたのである。『古事記』は、このとき皇后は大臣の建内宿禰に、神託を聞き届ける「沙庭《ゆにわ》（審神者）」という役目を務めるように命じた。

　神がかりになった神功皇后は、自分が語った言葉を覚えていない。そのために最も信頼できる人物を、信託の聞き役にしたのである。すると、皇后に神が乗り移った。皇后はこのとき厳《おご》そかな声で、はっきりとこう言った。

「この国は、皇后様のお腹《なか》のおられる王子《みこ》様が統治すべき国です」

　このあと神は、「我々は三柱の住吉の神です」と言って正体を明かし、それに続いてこのように命じた。

「天《あま》つ神、国つ神などのさまざまな神に捧げものをしなさい。そして我々三柱の神霊を船の上に祀り、西の国新羅《しらぎ》に向かいなさい」

　神功皇后が言い付けに従った上で船出すると、海の魚たちが皇后の船団を持ち上げて運び、順風が吹いて船を進めてすみやかに新羅に到着したという。

　このとき船団が津波を起こし、新羅の国土の半分が瞬く間に海に沈んだ。このため、新羅は、戦うことなく神功皇后に降伏し、子々孫々にいたるまで大王に仕えることを悟ったとある。

『古事記』はこのように、神功皇后が神々の力を借りて平和な形で新羅を従えたと記している。

『古事記』のような完成形の神功皇后伝説は、天武天皇が歴史書作成を命じる直前にあたる天智天皇の治世の終わり頃に書かれたとみられる。

日本古代史の研究者の多くは、三七代斉明《さいめい》天皇という女帝をモデルに最終形の神功皇后伝説が構成されたと考えている。斉明天皇の時代に、唐《とう》・新羅連合軍が日本と親密な関係にあった百済《くだら》を滅ぼした（六六〇年）。

斉明天皇はこのとき、日本の軍勢を送って唐・新羅を百済の地から追って百済を復興しようと考えた。そのため彼女は、息子の中大兄皇子《なかのおおえのみこ》（天智《てんじ》天皇）らと共に、前線で軍勢の総指揮にあたるために都を出て、九州の朝倉宮《あさくらのみや》（福岡県朝倉市）に赴いた。

このとき朝廷は、各地の評司《ひょうじ》（のちの郡司）と呼ばれる地方官たちにまで動員をかけて、これまでにみられないような大軍を九州の朝倉に集めた。

しかし斉明天皇は、日本軍を派遣する前に朝倉宮で病没した（六六一年）。このあと中大兄皇子が称制《しょうせい》（大王にならずに大王の職務を行なうこと）を行ない、遠征の準備にあたった。しかしこのあと百済に渡った日本軍は、白村江《はくすきのえ》の戦い（六六三年）で唐・新羅連合軍に大敗してしまった。

百済は滅んだが、そのあと天智天皇の主導で自ら軍勢の矢頭にたった斉明天皇を美化する形で、神功皇后伝説がまとめられたのだ。

神功皇后伝説は、何度かにわたる書き換えののちに完成したが、その最も古い形は宗像《むなかた》三神の霊験譚であったと考えられる。

宗像大社では、須佐之男命《すさのおのみこと》の子神とされる宗像三神《むなかたさんしん》という三柱の女神が祭られている。この女神は海神であるが、宗像三神は古くは海神に仕える巫女の神であったと推測できる。

四世紀半ばに大和朝廷と朝鮮半島南端との貿易がさかんになったときに、王家による宗像三神の祭祀が始められた。王家が対馬海峡の海上安全を願って宗像の神を祭ったのだ。

古代の対馬海峡の航路の近くに、世界遺産となった沖ノ島《おきのしま》（福島県宗像市）がある。そこからは大和朝廷の関係者が残した祭祀遺跡が多く見つかっている。

沖ノ島の祭祀が始まった頃、このような神話がつくられたのであろう。

「宗像三神が海の神を祭り、その助けで朝鮮半島の航路をひらいた」

六世紀に入ると新羅が成立し、日本の影響の下にあった加耶《かや》の金官加耶《きんかんかや》国を併合し、しきりに百済に出兵した。そのため日本と新羅の対立がこのように深刻になる中で、宗像三神に関するもとの話がこう書き換えられた。

「はるか昔に宗像三神が、新羅を屈服させて、大王に忠誠を誓わせたことがある」

そして伝説の主人公を宗像三神という女神から神功皇后に変えることによって神功皇后の三韓遠征伝説が完成した。

応神天皇と大和朝廷の発展

神功皇后は新羅を従えて帰国したあと、九州の宇美《うみ》（福岡県宇美町）で王子を生んだ。その王子は、のちに応神天皇となって大和朝廷を大きく発展させることになる。しかしそのとき、王子の二人の異母兄が反乱を企んでいた。

香坂王《かごさか》と忍熊王《おしくま》は、仲哀天皇が神功皇后と出会う前に結婚していた大中津比売命《おおなかつひめのみこと》の子であった。この大中津比売命は、景行天皇の孫にあたる出自の良い女性であった。

だから香坂王と忍熊王に、自分たちには王位の流れを嗣ぐ資格があると考えたのである。しかし香坂王は、挙兵の成否を問う誓約《うけい》狩りをしたときに、猪に食い殺されてしまった。

それでも忍熊王は難波吉師部《なにわのきしべ》という豪族におされて、神功皇后に戦いを仕掛けた。しかしかれらはあっさりと敗れた。そのため忍熊王と難波吉師部の伊佐比宿禰《いさひのすくね》の二人は、手を取り合って共に琵琶湖に飛び込んだ。

このとき忍熊王が、次のような意味の哀れをさそう和歌を残したという。

「いざや我《わ》が友《とも》、番《つが》える鳥よ。敵に討たれて滅ぶより、我らにほ鳥（カイツブリ）淡海《おうみ》の湖《うみ》に、手をばたずさえ沈むべし」

この香坂王と忍熊王の反乱の話は、神功皇后の三韓遠征伝説ができて間もない七世紀末に創作されたものとみられる。その話の作者は、古くから伝わる戦いに敗れて琵琶湖に入水する男女が詠んだと伝えられる和歌を、新たに創作した物語の中に組み込んだのであろう。そのときもとは「我が妻」とあった歌詞を、「わが友」と書き換えたのだ。

神功皇后が生んだ王子は、「伊奢沙和気《いざさわけ》」と名付けられた。この王子は、王族どうしの戦いの穢れを清める祓いのために、建内宿禰を従えて海のそばの角鹿《つぬが》（福井県敦賀《つるが》市）に赴いた。

このとき角鹿の地の守り神が、建内宿禰にこのような神託を下したと『古事記』は記している。

「私の名前と王子の名前とを取り換えましょう」

これによって王子は、角鹿の神の名前をもらって「品陀和気命《ほんだわけのみこと》」となった。またその地の神は、「伊奢沙和気神」の名前で祭られるようになったという。『古事記』はその神の別名を「気比大神《けひのおおかみ》」と記すが、今でも敦賀の気比神宮では、伊奢沙別命が祭られている。

じつは応神天皇にあたる大王は、「ほんだわけ」と「いざさわけ（いささわけ）」の二つの名前をもっていたのではないかと考えられている。その中の「いざさわけ」がたまたま気比神宮の神名と一致したので、応神天皇が敦賀の神と名前を交換する話がつくられたのであろう。

ところでこの「いささわけ」は、確かな文献によって実在が確かめられる最古の大王になる。天理市の石上神宮に伝えられる七支刀銘文に、「いささわけ」とみられる倭王の名前が出てくるのである。

七支刀の銘文には、「百済の王子がこのすぐれた刀を倭王旨《し》に贈る」と書かれている。古代史の研究者の多くは、この銘文の「し」という王名は、いささわけの「ささ」を表わしたものだと考えている。

応神天皇が活躍した年代からみても、かれが百済の漢字に通じた人間の手で書かれた確実な文献に出てくる倭王旨だとみて良い。

そしてこの倭王旨のあとに、『宋書《そうじょ》』という中国の歴史書に出てくる讃《さん》・珍《ちん》・済《せい》・興《こう》・武《ぶ》の五人の倭王が続くのである。

『日本書紀』には、『百済本紀《くだらほんぎ》』という百済の国の歴史書が引用されている。そして応神天皇の時代に相当する『百済本紀』の記事によって、百済の使者が三六五年に日本を訪れたことが分かる。

これは百済との国交の開始を表わすもので、このあと日本と百済の間でさかんに貿易が行なわれた。

この時期の百済は、北方の高句麗の侵攻に苦しんでいた。そのため日本は、百済を助けるためにしきりに朝鮮半島に出兵して高句麗と戦った。

『古事記』はそのあたりのことを、詳しく記してはいない。ただ応神天皇の時代のこととして、次のような学者の来朝の話が書かれているだけである。

「百済の国王の照古王《しょうこおう》が阿知吉師《あちきし》という学者を日本に送り、馬、大刀、大型の鏡を献上した。

阿知吉師は日本に残って大王に仕え、「阿直《あちき》氏という書記官の家の先祖になった」

この記事に出てくる大刀は、七支刀に相当するとみられる。このあと応神天皇と百済王に賢人を送るように求め、それに応じて和邇吉師《わにきし》という学者が来朝したという。

日本はこの応神天皇の時期から百済の先進文化を取り入れてめざましく発展していくことになった。

神功皇后と応神天皇ゆかりの神社

神功皇后と応神天皇は、全国に多くみられる八幡神社、八幡宮に祭られている。宇佐神宮（宇佐八幡宮）から広がった八幡神社、八幡宮は、日本の有力な神社の中で最も多くの分社をもつ神社だともいわれる。

このあと、神功皇后伝説に関連する神社を紹介していこう。

◉宇佐《うさ》神宮（大分県宇佐市）

祭神……八幡大神（応神天皇）、神功皇后、比売大神

社伝には、第二九代欽明天皇のときに八幡大神が宇佐の地に顕現されたとある。これによって神亀二年（七二五）に現在の地に建てられた神殿が宇佐神宮（宇佐八幡宮）の起こりである。奈良時代以降、宇佐八幡宮は皇室の保護で発展し、各地に多くの分社をつくり、武士の信仰を集めた。

◉香椎宮《かしいぐう》（福岡市）

祭神……仲哀天皇、神功皇后

仲哀天皇が営んだ仮宮の地に霊廟を建てて仲哀天皇を祭ったのが香椎宮だと伝えられている。

境内には、「不老水」と呼ばれる霊泉がある。その水を掘りあてた武内宿禰《たけうちのすくね》は三〇〇歳以上の長寿を得たと伝えられている。

◉高良《こうら》大社（福岡県久留米市）

祭神……高良玉垂命《こうらたまだれのみこと》

高良玉垂命は、高良山の神で麓の人々に恵みを授ける筑後の国魂の神として信仰されてきた。この高良玉垂命が、武内宿禰と同一の神だとされている。この神社は、平安時代には筑後国で最も格の高い筑後の一宮とされていた。

古代史コラム

大和朝廷の成り立ち

　これまで『古事記』の物語について紹介してきた。そこからは『古事記』の中に、人間の和を大切にする日本独自の考えが盛り込まれているありさまが分かってくる。広い世界の中でみると、古代の日本はきわめて特殊な国であった。

　古代の世界にはローマ帝国や中国の秦《しん》朝、漢《かん》朝に代表されるような、有力な指導者が武力を用いて一つの国をまとめたところが多い。そういった国の君主は、自分の思いのままの専制政治を行なう。

　それゆえ専制政治がなされた国の歴史を描いた書物の中には、多くの犠牲者を出す激しい戦争が多く描かれている。

　こういったものに比べると、『古事記』が描く世界は平和である。日本の神々は人々に、「みんなが仲良く楽しく暮らしなさい」と教える神として描かれている。

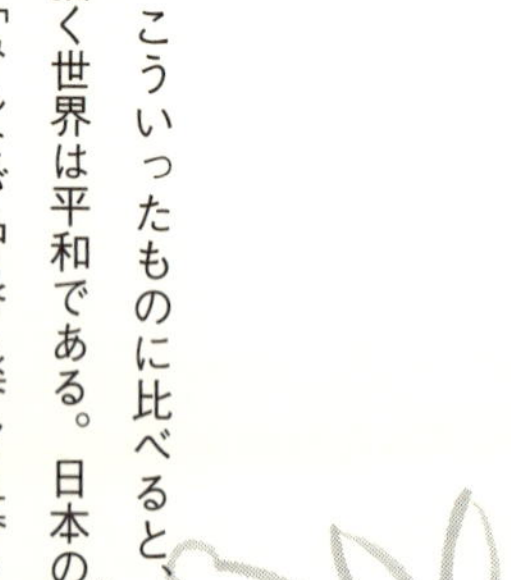

　こういった神道思想を背景に、古代の日本をみていくと皇室の先祖である王家を中心とする政権のあり方がきわめてあいまいなものであることに気付く。

　大王は確かに、日本の君主として国を代表して中国や朝鮮半島の国々との外交を担当している。しかし五世紀頃までの大王は、各地の豪族が領内で行なう政治には全く介入していない。

　だからその時代の日本が、自立した豪族の

連合政権であるのか、大王を君主とするまとまった国であるのかが明らかにならない。個々の日本古代史の研究者の考え方によって、評価が変わってくるのであろう。

かつて日本古代史の研究者の中で「地域国家論」という概念が流行したことがある。それは古代の日本は、「ヤマト政権」、「イズモ政権」、「キビ政権」などの多くの地域国家の寄せ集めだとするものである。

こういった発想を、誤りとするわけにはいかない。

しかし私は、三世紀末あたりから大王を君主とする国づくりが始まったとする立場をとる。だから王家のもとのまとまりは、一つの国家であり、その中心は「大和朝廷」と呼ぶべきものだと私は考えている。

大和朝廷は、最初は奈良県桜井市の纏向遺跡という有力な遺跡に拠った一氏族の形から出発した。三世紀はじめ頃に、纏向の人々は、纏向の地を治める者をほかの集落や指導者である「きみ」より格の高い「おおきみ」という継承で読んでいたのではあるまいか。

このような大王が、倭氏や物部氏と連合して、三世紀末あたりに奈良盆地の南東部の豪族連合をつくり出した。

この時点で、大和朝廷は箸墓古墳という大型前方後円墳をつくり出した。それと共に、三角縁神獣鏡《さんかくぶちしんじゅうきょう》などの優れた工芸品を量産し、各地の豪族と意欲的に交易した。

このあと王家は、王家と連合を組む中央や地方の豪族に前方後円墳の祭祀を広め、大和朝廷は拡大していった。

あとがき

これまでに『古事記』の神話や伝説を紹介してきましたが、いかがでしたか。物語を知って、そこに出てくる神々や英雄たちに親しみを感じるようになった方もおられるでしょう。

八俣遠呂智と戦った須佐之男命の勇気にひかれたとか、大和に帰れずに亡くなってしまった倭建命に同情したとか。

本書で取り上げた『古事記』の物語は、すべて生身の人間が聞き手たちを前に語ってきた話をもとにつくられたものです。

「目の前の聞き手が、明るい気持ちになってくれる物語を語ろう」

こういった気持ちで、日本の神話や伝説がまとめられていったのです。だから『古事記』には、古代人が自分たちの生き方の手本にするような、素晴らしい人物が多く登場します。

古代の人々は、日本の神話に出てくる神様や英雄を慕って、かれらを自分たちの守り神として祭りました。現代の日本にも、その頃から続く神社が多く残っています。

江戸時代の国学者、本居宣長《もとおりのりなが》は、日本古来の思想を知るために『古事記』を読むように人々に勧めました。私は『古事記』に記されたような日本の古代人の思想を、「円の思想」と呼んでいます。円の思想は、難しいものではありません。自分ができる範囲で、次の三つのことに努めよという教えが、円の思想です。

①自然を大切にする。

②人間を大切にする。

③明るい気持ちをもって人生を楽しむ。

私はこのような円の思想は、縄文時代の日本でつくられたのではないかと考えています。そして『古事記』の物語をみていくと、そこに登場する神々や英雄たちが、円の思想にもとづいて行動していたことが分かってきます。

『古事記』に出てくる神様の多くは、生き物に優しく、争いごとを好まない神様でした。

『古事記』の伝承にはねちねちと意地の悪いことをする者がおらず、誰もが明るい気持ちで生きようとしました。

古代の日本人はそのような神々を見習って、円の思想に従って生きようと考えて、神々を祭る多くの神社をつくったのです。

日本の神話を読んでいくと、古代の日本人が自分たちの遠い先祖を神様として祭っていたありさまが分かってきます。神道とは先祖に感謝して、先祖の生き方を見習おうとする思想なのです。

現在の私たちも、家ごとの祖先を神様や仏様として祭っています。『古事記』は私たちの遠い先祖の時代から贈られた、素晴らしい物語なのです。

武光誠

著　　　　者……武光誠
装幀・デザイン……野澤由香
企 画 ・ 編 集……株式会社春燈社
企　画　協　力……株式会社アマナ／緒上鏡（有限会社ヤグモ企画）

大人の学び直し
正しく読む古事記

2019年10月21日 初版第1刷発行

発　行　人…………山口康夫
発　　　行…………株式会社エムディエヌコーポレーション
〒101-0051 東京都千代田区神田神保町一丁目105番地
http://books.MdN.co.jp
発　　　売…………株式会社インプレス
〒101-0051 東京都千代田区神田神保町一丁目105番地
印刷・製本…………中央精版印刷株式会社

【カスタマーセンター】
造本には万全を期しておりますが、万一、落丁・乱丁などがございましたら、送料小社負担にてお取り替えいたします。お手数ですが、カスタマーセンターまでご返送ください。

【落丁・乱丁本などのご返送先】
〒101-0051 東京都千代田区神田神保町一丁目105番地
株式会社エムディエヌコーポレーション
カスタマーセンター
TEL:03-4334-2915

【書店・販売店のご注文受付】
株式会社インプレス 受注センター
TEL:048-449-8040
FAX:048-449-8041

【商品に関するお問い合わせ】
info@MdN.co.jp

ISBN978-4-8443-6934-9
C0021